Stundenblätter

Dürrenmatt „Der Richter und sein Henker“
Fontane „Unterm Birnbaum“

Matthias Frietsch / Joachim Kriebel

Stundenblätter
Dürrenmatt „Der Richter und sein Henker“
Fontane „Unterm Birnbaum“

Klassenarbeiten mit Erwartungshorizont
Beilagen:
30 Seiten Stundenblätter
+ 35 Arbeitsblätter zum Kopieren

Ernst Klett Verlag für Wissen und Bildung
Stuttgart · Dresden

Stundenblätter Deutsch werden herausgegeben von Jürgen Wolff

Die Unterrichtseinheit Fontane „Unterm Birnbaum“ basiert auf folgendem Leseheft:

Lesehefte für den Literaturunterricht: Theodor Fontane, Unterm Birnbaum. Mit Materialien, neu zusammengestellt von Dorothee Hetzer (Klettbuch 26203). Stuttgart 1994

Die Unterrichtseinheit Dürrenmatt „Der Richter und sein Henker“ basiert auf dem rororo-Taschenbuch Nr. 150:

Friedrich Dürrenmatt: Der Richter und sein Henker. Rowohlt Taschenbuch Verlag GmbH, Hamburg 1993

Gedruckt auf Papier,
welches aus Altpapier hergestellt wurde.

Die Deutsche Bibliothek – CIP-Einheitsaufnahme

Frietsch, Matthias:
Stundenblätter Dürrenmatt „Der Richter und sein Henker“,
Fontane „Unterm Birnbaum“ :
Klassenarbeiten mit Erwartungshorizont/Matthias Frietsch/Joachim Kriebel. –
1. Auflage – Stuttgart; Dresden:
Klett-Verl. für Wissen und Bildung, 1996
(Stundenblätter Deutsch)
ISBN 3-12-927416-2
NE: Kriebel, Joachim:

1. Auflage 1996

Gesamtherstellung: Wilhelm Röck, Weinsberg
Printed in Germany
Einbandgestaltung: Zembsch' Werkstatt, München
ISBN 3-12-927416-2

Inhalt

Einleitung

„Das Buch war total langweilig", eine Aussage, die Deutschlehrerinnen und Deutschlehrer zur Genüge kennen und immer wieder hören. Fragt man zurück: „Nun, was soll es denn sein?", erhält man häufig die Anregung: „Suchen Sie doch mal was Spannendes aus."

Nun ist es nur noch ein kleiner Schritt, um vom Schülerwunsch „Spannung" zur Auswahl eines Kriminalromans als Klassenlektüre zu kommen.

Doch nicht nur die Spannung, die Abenteuerlust, der Nervenkitzel sind es, die Kriminalromane so beliebt machen. Sie bieten Unterhaltung und Ablenkung, und die „Spannung" sorgt geradezu für „Entspannung" des Lesers. Krimis werden auch gelesen, weil es den Lesern Spaß bereitet, die Rätsel, die der Autor gestellt hat, zu lösen und seine Fallen zu umgehen.

Sicher ist auch das Sensationsbedürfnis vieler Leser ein Motiv ihrer Leselust.

Diesem Sensationsbedürfnis kann man sich ohne Gewissensbisse hingeben, denn in den meisten Krimis siegt am Schluß das Gute, der Verbrecher wird überführt und bestraft, der Inspektor oder Kommissar behält die Oberhand. Somit ist am Ende die alte Ordnung wiederhergestellt und der Gerechtigkeit Genüge getan. Was liegt also näher, als einen Kriminalroman im Unterricht zu besprechen. Sicher kennen die Schülerinnen und Schüler aus ihrer Freizeit Titel mit unterschiedlichem Niveau. Um ihnen den Qualitätsunterschied innerhalb des breiten Spektrums Kriminalroman aufzuzeigen, bieten sich zwei Romane großer deutschsprachiger Schriftsteller an: Theodor Fontanes „Unterm Birnbaum" und Friedrich Dürrenmatts „Der Richter und sein Henker".

Beide Werke passen so gar nicht in das Klischee des Krimis mit seinem allwissenden Kommissar im Stile von Sherlock Holmes oder Miss Marple, um nur zwei zu nennen. Schon aus diesem Grunde ist die Beschäftigung mit diesen Werken im Unterricht lohnenswert. Außerdem bietet sich ein Vergleich der beiden Krimis im Unterricht an.

Der Aufbau dieses Bandes der Stundenblätter legt einen solchen Vergleich allerdings nicht zwingend zugrunde. Die Unterrichtseinheit „Unterm Birnbaum" kann ebenso wie die Unterrichtseinheit „Der Richter und sein Henker" mit Hilfe der Stundenblätter als einzelne Einheit gehalten werden. Denkbar wäre auch eine Besprechung von „Der Richter und sein Henker" in Klasse 9 und die Behandlung von „Unterm Birnbaum" und der Vergleich der Werke in Klasse 10. Damit besteht für alle Kolleginnen und Kollegen die Möglichkeit, einen oder beide Kriminalromane nach den individuellen Voraussetzungen ihrer jeweiligen Klasse in den Unterricht einzubinden.

> Autoren und Verlag bitten die Leserinnen zu tolerieren, daß in der Folge die Doppelung „Kolleginnen und Kollegen", „Schülerinnen und Schüler" etc. um der besseren Lesbarkeit des Textes willen und ohne jede frauenverachtende Tendenz aufgegeben wurde zugunsten der Begriffe „Kollegen", „Schüler" etc.

Theodor Fontane: „Unterm Birnbaum“

Überlegungen zur Unterrichtseinheit „Unterm Birnbaum“

Die Unterrichtseinheit Theodor Fontane „Unterm Birnbaum“ umfaßt insgesamt acht Stunden, wobei je nach Leistungsstärke der Klasse ein unterschiedliches methodisches Vorgehen denkbar ist.
Die in den Stundenblättern geplante Abfolge entspricht der klassischen Vorgehensweise: Inhaltssicherung und Interpretation einzelner thematischer Schwerpunkte.
Es wird nicht in jeder Klasse notwendig sein, den Inhalt in der Ausführlichkeit wie vorgeschlagen zu behandeln. Daher bietet sich als Alternative ein Vorgehen entsprechend der Methodik-Pyramide an. Sie geht von leichten Anforderungen (Inhalt) aus und führt bis hin zum zentralen Motiv der Lektüre.

Die Methodik-Pyramide der Unterrichtseinheit „Unterm Birnbaum“

Inhalt
Vorbereitungsstunde, Inhaltssicherung, Stunde 1 und 2

Die Gemeinschaft
Das Dorf
Stunde 8

Die Umgebung
Das Ansehen der Hradschecks
Stunde 3

Die Mörder
Charakterliche Voraussetzungen
Stunde 4

Die Schuld
Die Verarbeitung der Schuld durch die Mörder
Stunde 7

Der Mord
Rekonstruktion und Motiv
Stunden 5 und 6

Das bedeutet, daß je nach individuellen Vorstellungen des Lehrers bezüglich der Unterrichtseinheit, in der Anordnung der Pyramide von oben nach unten gestrichen werden kann. Somit ist es für jeden möglich, eigene Schwerpunkte zu setzen.
Auf die drei Basisbausteine sollte aber auf keinen Fall verzichtet werden.

Vorbereitungsstunde: Beispielhaftes Ausfüllen des Lesezettels

Vorbemerkungen

Diese Stunde sollte insbesondere in schwächeren Klassen gehalten werden, die Probleme beim Erfassen des Inhaltes (älterer) längerer Texte haben. Sie dient dazu, den Schülern einen ersten Einblick in die Lektüre zu geben. Sie soll zudem helfen, Fragen zu klären, und das Verstehen des Inhaltes vorbereiten. Zusätzlich werden Referatsthemen verteilt, deren inhaltliche und formale Gestaltung besprochen und die Vortragstermine festgehalten. Zeitlich ist diese Stunde ca. 14 Tage vor der Behandlung der Lektüre im Unterricht zu planen.

Methodisches Vorgehen

Phase 1

Falls die Erzählung in einer Sammelbestellung erworben wurde, wird sie zunächst ausgeteilt. Zusätzlich zur Lektüre erhält jeder Schüler mehrere Kopien des Lesezettels zu Fontanes „Unterm Birnbaum" (Arbeitsblatt 1). Gemeinsam lesen die Schüler das erste Kapitel von „Unterm Birnbaum". Danach wird im Unterrichtsgespräch festgehalten, welche Personen im ersten Kapitel dominieren, an welchem Ort und zu welchem Zeitpunkt die Handlung spielt. Die Schüler sollen danach in Stillarbeit den Inhalt des Kapitels in einem Satz zusammenfassen und eine passende Überschrift für dieses Kapitel finden. Eventuell auftretende Unklarheiten können hier besprochen werden, falls sie nicht bereits bei der Lektüre zur Sprache kamen.
Für den Lehrer empfiehlt es sich, die vorgegebenen Lesezettel auf Folie zu kopieren und mit Hilfe des Overheadprojektors an die Wand zu projizieren. Diese Folien werden auch in der nächsten Stunde zur Anwendung kommen (Arbeitsblatt 2).

Phase 2

Nach Beendigung dieser Phase werden die Referatsthemen und -termine an die Schüler verteilt. Für den Vortrag sollten folgende Festlegungen getroffen werden:
- Mindestens drei Unterrichtsstunden vor dem Referatsvortrag erhält der Lehrer ein vollständig ausgearbeitetes Exemplar des Referates.
- Der Schüler fertigt eine Wandzeitung an (z. B. auf die Rückseite einer alten Tapete), auf der die wesentlichen Fakten festgehalten werden. Diese Fakten übernehmen die Mitschüler in ihr Heft. Die Wandzeitung wird im Klassenzimmer aufgehängt und bleibt während der Behandlung von „Unterm Birnbaum" hängen.
- Zum Vortrag selbst benutzt der Redner nur einen Stichwortzettel (z. B. eine Karteikarte). Somit wird die Gefahr unterbunden, daß das Referat nur aus langweiligem Vorlesen besteht.

Folgende Themen sind denkbar:
1. Geschichtlicher Hintergrund der Jahre 1830–1835 einschließlich der wirtschaftlichen Verhältnisse. Hier wäre

auch ein fächerübergreifender Unterricht mit dem Geschichtslehrer denkbar.
(Literatur: Geschichtsbücher)

2. Theodor Fontanes Leben und Werk
(Literatur: Nürnberger, Helmuth: „Fontane“, Reinbek, 1993)
3. Zeichnung eines Grundrisses des Hradscheckschen Hauses, des Gartens und der angrenzenden Umgebung (auf Overheadfolie). Die Grundlage für diese Skizze findet der Referent im Text unter anderem auf S. 4, Z. 30 ff. und S. 39, Z. 16 ff.
Alternative: Alle Schüler beschäftigen sich mit der auf der Seite 136 im Materialienteil des Klett-Lesehefts vorgeschlagenen Aufgabe. Sie tragen dabei in eine vorgegebene Tatortskizze Einzelheiten des Tatortes ein. Dies könnte auch die vorbereitende Hausaufgabe für die fünfte Stunde sein.
4. Zeichnung eines Planes von Tschechin, auf dem alle in der Lektüre genannten Gebäude eingetragen sind.
5. Bestimmung des zu den jeweiligen Unterrichtsterminen gehörenden Namenstags der/des Heiligen und Eröffnung der Stunde mit der dazugehörigen Bauernregel.

Denkbar ist ein weiteres Referat:

6. Erstellung einer Karte zu den Bundesländern Deutschlands und einer Karte zur Umgebung Berlins, auf der die Orte, die in der Lektüre genannt werden, eingezeichnet sind.
Alternative: Bearbeitung der in den Materialien des Klett-Leseheftes S. 131 vorgeschlagenen Aufgabe eventuell als vorbereitende Hausaufgabe für die fünfte Stunde. Die Schüler erhalten hierbei durch Eigentätigkeit einen Überblick über die geographische Lage aller in der Erzählung vorkommenden Orte.

Die Referate 1 und 2 sollten vor der Behandlung der Lektüre gehalten werden. Mit Hilfe der Wandzeitungen können während der Besprechung auftretende Fragen geklärt werden. Referatsthema 3 wird in der 5./6. Stunde, Referatsthema 4 in der 8. Stunde gehalten. Der Referent des Themas 5 wird jede Unterrichtsstunde, in der „Unterm Birnbaum“ behandelt wird, eröffnen. Referat 6 kann bei Schülerfragen zusätzlich vergeben werden.
Gerade bei Thema 5 wird deutlich, wie sehr wir uns im 20. Jahrhundert von der Denkweise des 17./18. Jahrhunderts entfernt haben. Für Fontane und seine Zeitgenossen war „Michaeli 20“ (S. 4, Z. 4) eine verständliche Zeitangabe. Unsere Schüler werden erst nach Befragen eines Nachschlagewerkes wissen, daß damit der Namenstag des Heiligen Michaels im Jahre 1820, also der 29. 9. 1820, gemeint ist. Es muß hier auch verdeutlicht werden, daß dies der Eröffnungstag des Gasthauses und Materialwarengeschäftes von Abel Hradscheck ist, keineswegs die Zeit, in der das Stück spielt.

Phase 3

In den kommenden zwei Wochen sollen die Schüler die Lektüre lesen und – entsprechend des beispielhaft bearbeiteten 1. Kapitels – die restlichen Kapitel bearbeiten und in den Lesezettel eintragen.

1. Stunde: Inhaltssicherung I

Vorbemerkungen

Die beiden ersten Stunden der Unterrichtseinheit dienen zur Sicherung des Inhaltes. Hat die Klasse dabei Schwierigkeiten, ist es sicherlich notwendig, beide

Stunden hierzu anzusetzen. Ist dies nicht der Fall und der Klasse gelingt es, mit Hilfe des Lesezettels den Inhalt der Lektüre zu erfassen, könnte man für die Inhaltssicherung nur eine Stunde einplanen, um in dieser Fragen zu beantworten, die sich durch die häusliche Lektüre ergeben haben und die auf dem Lesezettel vermerkt sind.
Für diese Stunde sollten auf jeden Fall die Referate „Geschichtlicher Hintergrund“ (1) und „Theodor Fontanes Leben und Werk“ (2) vorbereitet sein. Dies gilt ebenso für das Referat „Namenstage der Heiligen und Bauernweisheiten“ (5). Die entsprechenden Wandzeitungen werden von den Schülern vor der Stunde an der Wand befestigt.

Methodisches Vorgehen

Phase 1

Die Stunde beginnt mit einer „Eingangsprüfung für Kriminalisten und Detektive“ (vergl. Arbeitsblätter 3a und 3b). Dieser Inhaltstest kann selbstverständlich auch zur Notenfindung genutzt werden (vergl. Punkte- und Notenverteilung auf Arbeitsblatt 5), dient aber in erster Linie dazu, Schülern und Lehrer Verständnisschwierigkeiten aufzuzeigen. Den Schülern soll dabei verdeutlicht werden, daß es gerade bei einer Kriminalerzählung darauf ankommt, sehr genau zu lesen und auf jede Kleinigkeit zu achten. Möglicherweise kann hier auf die Erfahrungen der Schüler aus ihrem privaten Lesen zurückgegriffen werden. Sollte der Test nicht als Leistungskontrolle Verwendung finden, kann er noch in dieser Stunde mit Hilfe der Ergebniskontrolle, die auf eine Overheadfolie kopiert wurde (vergl. Arbeitsblätter 4a und 4b), besprochen werden. Jeder Schüler wird seine kriminalistischen Fähigkeiten anhand der erzielten Punktzahl und der „Bewertungskategorie des kriminalistischen Spürsinns und der Beobachtungsgabe“ (vergl. Arbeitsblatt 5) selbst einschätzen können.

Alternative: Statt der hier vorgesehenen „Eingangsprüfung“ können auch die im Materialienteil des Klett-Leseheftes vorgeschlagenen Aufgaben behandelt werden. Hier wird unter der Hauptüberschrift „Genau gelesen?“ (S. 128) einerseits nach Detailwissen gefragt, andererseits müssen Behauptungen mit richtig oder falsch bewertet werden (S. 129).

Phase 2

Im zweiten Teil der Stunde kommen die „Experten“ zu Wort. Zunächst nennt der „Heiligenexperte“ den Namen des Heiligen, der an dem betreffenden Tag Namenstag hat, und führt eine der Jahreszeit und den Wetterverhältnissen entsprechende Bauernregel an.
Als zweites wird der „Geschichtsexperte“ einen Überblick über den Zeitraum von 1830 bis 1835 geben. Zum Schluß informiert der „Fontaneexperte“ über Leben und Werk des Dichters. Alle Referate werden durch Wandzeitungen unterstützt, die während der gesamten Unterrichtseinheit an der Wand hängen bleiben.

Phase 3

Sollten sich zu den Referaten keine Fragen mehr ergeben, wird die restliche Zeit der Stunde dazu genutzt, den Lesezettel komplett auszufüllen. Es ist hierzu sicher günstig, daß der Lehrer eine (kopierte) Overheadfolie bereithält, auf der eine mögliche Alternative für das Ausfüllen des Zettels vorgegeben ist. Diese Overheadfolie wird im weiteren Verlauf des Unterrichtsgespräches aufgedeckt.

Den Schülern muß dabei deutlich sein, daß es sich bei dieser Folie lediglich um eine *Alternative* handelt und daß ihre Lösungsmöglichkeiten ebenfalls richtig sein können. Hierbei sollte man – was Überschriften, Inhalt und Personen angeht – einen großzügigen Maßstab anlegen.

Keine Fehler dürfen im Bereich der logischen Zusammenhänge und des Handlungsverlaufes akzeptiert werden. Falsche Schlußfolgerungen, die von den Schülern durch oberflächliches Lesen gezogen werden (z. B. in bezug auf Abels Mordplan und sein Vorgehen), sind zu korrigieren.

2. Stunde: Inhaltssicherung II

Vorbemerkungen

In dieser Stunde ist es an der Zeit, die begonnene Arbeit mit dem Lesezettel zu beenden. Da die Schüler bereits eine gewisse Routine im Umgang mit dem Lesezettel entwickelt haben, ist dies sicher möglich.

Methodisches Vorgehen

Phase 1

Besonderen Wert muß in dieser Stunde auf das Erkennen der äußeren Handlung gelegt werden. Abels Plan (Kap. 3 bis 8 und Kap. 11) sollte von den Schülern richtig wiedergegeben werden. Es genügt dabei, den Plan in groben Zügen zu erkennen, denn eine detaillierte Analyse des Mordes ist für die Stunden 5 und 6 vorgesehen. Da inzwischen Zeit zur Korrektur der „Eingangsprüfung" war, kann der Lehrer in dieser Stunde spezielle inhaltliche Probleme aufgreifen und klären.

Phase 2

Sollte die „Eingangsprüfung" als Leistungsbewertung genutzt worden sein, besteht hier die Möglichkeit, den Test zurückzugeben und zu besprechen.
Als Hausaufgabe sollen sich die Schüler mit dem Ansehen der Hradschecks im Dorf beschäftigen. Sie sollen dieses Ansehen graphisch darstellen – ähnlich einer Bilanzkurve – und die Kurve mit entsprechenden Textbelegen versehen und kommentieren. Hierbei sind natürlich besonders die Krisen im Leben der Hradschecks von Bedeutung.
Mehrere Schüler erhalten hierzu Overheadfolien und Stifte und zeichnen ihre Kurven auf die Folien. Diese dienen dann als Grundlage für die Besprechung der Thematik in der kommenden Stunde.

3. Stunde: Das Ansehen der Hradschecks

Vorbemerkungen

Ziel dieser Stunde ist es, den Schülern zu zeigen, wie sich das Ansehen, neuhochdeutsch: das Image, der Hradschecks im Verlaufe der Novelle ändert und welche Faktoren für diese Änderung verantwortlich sind. Den Schülern ist sicher aus den Medien die Darstellung der Beliebtheit von Politikern bekannt, daher dürfte es kaum Probleme geben, ein ebensolches „Barometer" für das Ansehen der Hradschecks aufzustellen und nach Gründen für die Schwankungen zu suchen.
Über diese Stunde hinausgehend läßt sich eine Vielzahl von aktuellen Bezügen herstellen, die hier nur kurz angedeutet wer-

den sollen und je nach Unterrichtsschwerpunkt ausgeweitet werden können:

- Von welchen – oft nebensächlichen Faktoren – hängt das Ansehen ab?
- Welche Faktoren sind für eine Änderung verantwortlich?
- Welches Ansehen genießen Fremde – Ausländer und Deutsche – bei uns? (vergl. dazu das Gespräch zwischen Frau Mietzel und Frau Quaas S. 26f., u.a. „... Sie hat so was. Und ich sage bloß, wenn wir alles hergelaufene Volk ins Dorf kriegen, so haben wir nächstens auch die Zigeuner hier, ..." S.27, Z.2ff.).

Sachanalyse

Ausgangspunkt der Überlegungen ist die Aussage Abel Hradschecks zu seiner Frau: „... alles ist bloß Abschlag und Zins. Ich stecke tief drin ..." (S.9, Z.26f.). Hier zeigt sich die Situation der Hradschecks: Sie sind tief verschuldet, und Abel Hradscheck gesteht: „Ich weiß nicht aus noch ein und habe Sorgen über Sorgen" (S.8, Z.24f.). Offensichtlich ist sich Frau Hradscheck dieser Situation nicht bewußt, denn ihre Frage: „Wo drückt es wieder?" (S.9, Z.23) zeugt nicht von ihrem Wissen. Auch als Abel ihr die finanziellen Verhältnisse der Familie schildert, geht diese Beschreibung an ihr vorbei, „ohne daß es einen tieferen Eindruck auf" sie „gemacht hätte" (S.9, Z.31f.). Statt dessen macht sie ihrem Mann Vorwürfe wegen seines Hangs zum Glücksspiel. Schließlich kommt Ursel aber nicht umhin, Abel bei seinem Plan zur Sanierung der Finanzen zuzustimmen. Der Plan beginnt damit, daß eine (hohe) Erbschaft vorgetäuscht wird. Dies ruft zunächst einmal den Neid der Dorfbewohner hervor und führt zu „... Gerede der ebenso neidischen wie reichen Bauersfrauen ..." (S.25, Z.18 f.).

Aber alle Befürchtungen, Frau Hradscheck werde nach der Erbschaft noch hochnäsiger, erweisen sich als falsch. Ursel Hradscheck kommt aus Berlin, wo sie angeblich die Erbschaft abholte, gerade so wieder, „... wie sie gegangen war, das heißt ohne Samthut und Straußenfeder ..." (S.27, Z.9f.), und sie grüßte noch ebenso, „... ja womöglich noch artiger als vorher, ..." (S.27, Z.10f.). Die Dorfbewohner glauben also an eine Änderung der Hradschecks, hervorgerufen durch die (hohe) Erbschaft. Das Ansehen der Hradschecks steigt, denn „... man fing an, sie gelten zu lassen, ..." (S.27, Z.11f.). Ausschlaggebender Punkt für diese Meinungsänderung ist das Geld der Erbschaft.

Das neu erworbene Ansehen der Hradschecks hält aber nicht lange an. Unmittelbar nach dem angeblichen Unfall Szulskis kommen im Dorf Gerüchte auf, „... der Polsche werde wohl ganz woanders liegen als in der Oder" (S.50, Z.2f.). Hier brechen alte Vorurteile gegenüber Fremden und Zugezogenen wieder auf.

Das Gerede im Dorf (vergl. S.49, Z.26 und S. 50, Z.9ff.) führt dazu, daß sich die Justiz einschalten muß. Die Einstellung des Verfahrens ist nur von kurzer Dauer, denn der Verdacht gegen Ursel und Abel Hradscheck wird erneut erhärtet durch die Aussage des Nachtwächters Mewissen, der „... die Frau Hradscheck zwischen den Pappeln an der Mühle gesehen haben wollte, ganz so, wie wenn sie halb verbiestert vom Damm her käme ..." (S.52, Z. 21ff.). Dies alles führt dazu, daß das Ansehen der Hradschecks immer tiefer sinkt und einen vorläufigen Tiefpunkt erreicht, als sich nach dem Verhör der Dienstboten „... die Verdachtsgründe ... mehr gemehrt als gemindert ..." (S.57, Z.4f.) haben und Abel Hradscheck verhaftet wird. Befriedigt nehmen die Dorfbewohner zur

Kenntnis, daß sich ihre Vorurteile bestätigt haben.
Einen knappen Monat später allerdings hat sich die Sachlage erneut gewandelt. Die „... Küstriner Untersuchung rückte nicht von der Stelle, weshalb es in Tschechin und den Nachbardörfern hieß: ‚Hradscheck werde mit nächstem wieder entlassen werden, weil nichts gegen ihn vorliege.‘ Ja, man begann, auf das Gericht und den Gerichtsdirektor zu schelten, wobei sich's selbstverständlich traf, daß alle die, die vorher am leidenschaftlichsten von einer Hinrichtung geträumt hatten, jetzt in Tadel und Schmähen mit gutem Beispiel voranging en" (S.57, Z.27 ff.). „Der einfache Mann auf der Straße" solidarisiert sich in diesem Moment – über seine Vorurteile hinweggehend – mit Abel Hradscheck. Man hat gemeinsame Feinde, die Justiz und die Polizei, mit denen ohnehin niemand gerne etwas zu tun hat, und die faulen Beamten, die unfähig sind, einen Fall zu lösen.
Die Stimmung hat sich also wieder zugunsten Abel Hradschecks gewendet, und nur „ein Unerschütterlicher" (S.59, Z.28), nämlich Gendarm Geelhaar, ist immer noch von der Schuld Hradschecks überzeugt. Nur wegen seines ständigen Mißtrauens konnte man nicht „... von einer totalen ‚Rückeroberung‘ des dem Inhaftierten anfangs durchaus abgeneigten Dorfes ..." (S.59, Z.25ff.) sprechen. Da man allerdings den Haß Gendarm Geelhaars auf Hradscheck kennt (vergl. S.59, Z.32ff.), wird diese Meinung nicht ernst genommen.
So ist es auch Geelhaar, der die Beobachtungen von Mutter Jeschke aus der Mordnacht genau registriert und an die zuständige Behörde weiterleitet (vergl. S.62, Z.12ff.).
Somit ist der Plan Abel Hradschecks, der mit der Geschwätzigkeit seiner Nachbarin rechnete, aufgegangen. Einerseits hat dieses Gerede seinem steigenden Ansehen nicht geschadet, andererseits schreitet die Justizbehörde ein, um die neuerlichen Vorwürfe zu untersuchen. Genau wie Abel es geplant hatte, wird dies der Beginn seines unaufhaltsamen Aufstieges.
Als Folge der Aussage von Mutter Jeschke ordnet Justizrat Vowinkel einen Ortstermin an, dem Hradscheck ruhig und gelassen entgegensieht (vergl. Anfahrt mit der Kutsche S.65, Z.26ff., u.a.: „Nur Hradscheck saß frei da, ...", S.66, Z. 3f.), ganz im Gegensatz zu seiner Frau, denn „... Frau Hradscheck aber fehlten die guten Nerven, deren ihr Gatte sich rühmen konnte ..." (S.29, Z.26f.). Demzufolge ist Frau Hradscheck an diesem Tag nicht da (vergl. S.67, Z.8). Es kommt wie von Abel Hradscheck erwartet: Unter dem Birnbaum wird der tote Franzose gefunden, und dieser Tote belegt seine Unschuld (vergl. S.68f.). Die Stimmung, noch bei der Entdeckung der Leiche gegen Hradscheck (vergl. S.68, Z.32), wendet sich sekundenschnell, und Abel gilt als rehabilitiert. „In einem gewissen Entdeckungseifer waren alle wie blind gewesen und hatten unbedacht gelassen ..." (S.69, Z.18ff.), daß dieser Tote nicht der gesuchte Szulski sein kann. Trotz seiner offensichtlich erwiesenen Unschuld lehnt Abel es ab, gemeinsam mit der Untersuchungskommission einen Imbiß einzunehmen. Die Begründung, daß er „... nicht an seinem eigenen Tisch zu Gaste sitzen und das Brot, das er gebacken, nicht als Gnadenbrot essen ..." (S.70, Z.14f.) wolle, beeindruckt die Bauern tief.
Ein „paar dunkle Punkte, worüber Aufklärung gegeben werden muß ..." (S.69, Z.32f.) kann Abel Hradscheck im Schlußverhör erklären. Seine Aussagen im Zusammenhang mit den angeblich verdorbenen Speckseiten werden bestätigt (vergl. S.71, Z.4ff.). Da „... an seiner Un-

schuld nicht länger zu zweifeln war ..." (S.71, Z.4), wird das Verfahren eingestellt, und Abel Hradscheck kehrt „... in einer stattlichen Küstriner Mietschaise ..." (S.72, Z.29f.) nach Tschechin zurück.
Zu einer wesentlichen Steigerung des Ansehens des Ehepaares Hradscheck trägt Pfarrer Eccelius bei: in seiner „Rechtfertigungsrede" (S.73, Z.29), die u.a. das Thema „... und tuet nicht Unrecht den Fremdlingen ..." (S.73, Z.13f.) hat, klagt er alle diejenigen an, „... die sich in der Hradscheck-Sache so wenig freundnachbarlich benommen und durch allerhand Zuträgereien entweder ihr Übelwollen oder doch zumindest ihre Leichtfertigkeit und Unüberlegtheit gezeigt hatten" (S.73, Z.30ff.). Die geistliche Autorität des Dorfes – ohnehin Frau Hradscheck sehr zugeneigt – setzt sich für das Ehepaar ein und hilft den beiden somit weiter.
Einen vorläufigen Höhepunkt erreicht Hradschecks Ansehen, als er den „... ‚Franzosen unterm Birnbaum' nicht bloß zur Wiederherstellung, sondern sogar zu glänzender Aufbesserung seiner Reputation zu benutzen verstand" (S.76, Z.31ff.).
In einer Kirchengemeinderatssitzung erklärt Abel Hradscheck den Franzosen zu seinem Schutzpatron, dem er zu tiefem Dank verpflichtet sei, und bittet darum, ihn „... in seinem Garten behalten zu dürfen" (S.77, Z.25f.). Da Abel offensichtlich ein guter Schauspieler ist, denn „die ganze Rede hatte Hradscheck mit bewegter und die Dankbarkeitsstelle sogar mit zitternder Stimme gesprochen ..." (S.77, Z.32ff.), übt die Bitte Abels auf die Bauern eine große Wirkung aus. Daß Hradscheck sogar noch bereit ist, Geld für Grabgitter auszugeben, beeindruckt die Bauern noch tiefer. Ganz nebenbei wurde der Gemeinde auch das leidige Problem abgenommen, wo der Franzose zu bestatten sei.
Durch die neugewonnene Stellung gestärkt, kann Hradscheck seine Pläne weiter verfolgen. Er beginnt damit, sein Haus zu erweitern. Obwohl ihm die erste Bauphase augenscheinlich Kummer bereitet (vergl. S.79, Z.21ff.), der Vorschlag Buggenhagens, den Keller tiefer zu legen, ihn die Farbe wechseln läßt (vergl. S.80, Z.15ff.) und der Fund eines Knopfes vom Mantel Szulskis zu einem kreideweißen Gesicht und zum Stottern führt (vergl. S. 82, Z. 11 ff.), ist „... die Bauzeit eine glückliche Zeit ..." (S.85, Z.10). „Der Laden war nie leer, die Kundschaft wuchs, und das dem Grundstück zugehörige, draußen an der Neu-Lewiner Straße gelegene Stück Ackerland gab in diesem Sommer einen besonders guten Ertrag" (S.85, Z.11ff.). Hinzu kommt, „daß man, trotz aller Stichelreden der alten Jeschke, mehr und mehr anfing, die Vorkommnisse des letzten Winters von der scherzhaften Seite zu nehmen" (S.85, Z.30ff.). Einzig der Zustand Ursels bereitet ihm Sorgen (vergl. S.86, Z.3ff.).
Aber sogar den Tod seiner Frau nutzt Abel Hradscheck zur weiteren Verbesserung seines Ansehens. Auf ihrem Sterbebett hat Ursel ihren Mann gebeten, das Geld, das sie sich in ihrem letzten halben Lebensjahr vom Munde abgespart hatte, zur Lesung von Seelenmessen für den ermordeten Szulski zu verwenden. Abel jedoch kauft dafür ein teueres Grabkreuz. Den Tschechiner Dorfbewohnern gefiel, „... daß er das teure Kreuz ... bestellt hatte. Denn Geld ausgeben (und noch dazu viel Geld) war das, was den Tschechinern als echten Bauern am meisten imponierte" (S.101, Z.4ff.). Erneut zeigt sich also hier – wie bei der Erbschaftsangelegenheit – wie eng die Dorfbewohner Ansehen und Geld verknüpfen.
Seiner Mentalität entsprechend hält sich Abel Hradscheck nicht lange mit Trauern um seine Frau auf. Drei Tage, nachdem

das Kreuz auf Ursels Grab errichtet worden war, nimmt Abel „das gesellige Leben wieder auf“ (S. 101, Z. 34). Er reist regelmäßig nach Frankfurt und Berlin und gilt bald im Dorf als Mann von Welt. Von seinen Reisen bringt er immer wieder Neuigkeiten aller Art mit, was die Tschechiner ungemein beeindruckt. Abel Hradscheck ist nun auf dem Höhepunkt seines Ansehens angelangt. Die Dorfbewohner zollen ihm Beifall, und er gewöhnt sich daran. Man schaut zu ihm auf, und er genießt die Ovationen des Volkes (vergl. S. 103, Z. 5 ff.). Sein neuer, großzügiger Lebensstil, seine Berichte aus der „kulturellen“ Szene Berlins und seine „weltmännische“ Fassade, hinter die die Tschechiner nicht blicken, haben sein Ansehen in diese Höhe steigen lassen.
Als aber Ede aus Angst vor einem Spuk sich weigert, in den Keller zu gehen (S. 108, Z. 23 ff.), und Mutter Jeschke behauptet: „De Franzos is rutscht ...“ (S. 113, Z. 19), verliert Hradscheck die Nerven. „Er sah deutlich die ganze Geschichte wieder lebendig werden, und ein Schwindel ergriff ihn, wenn er an all das dachte, was bei diesem Stande der Dinge jeder Tag bringen konnte“ (S. 113, Z. 29 ff.). So kehrt er zu seinem alten Aberglauben zurück und versucht, mit Hilfe von Farnkrautsamen (vergl. S. 118, Z. 3 ff.) unsichtbar zu werden. Obwohl ihm dies nicht gelingt, will er sein Vorhaben, die Leiche Szulskis wegzuschaffen, durchführen. Der bisher so überlegt handelnde Hradscheck übersieht bei diesem Plan das Ölfaß, das ihn zum Gefangenen im Keller macht (vergl. S. 120, Z. 30 ff.) und ihm den Tod bringt.

So endet Abel Hradscheck – wenige Stunden vor seinem Tod noch von den Tschechinern bewundert und mit Beifall bedacht (vergl. S. 117, Z. 20 ff.) – verachtet von der Welt, zwar auf dem Kirchhof, „aber seitab, wo die Nesseln stehn und der Schutt liegt“ (S. 123, Z. 3 f.).

Methodisches Vorgehen

Phase 1

Ausgehend von der Hausaufgabe, gilt es, das schwankende Ansehen der Hradschecks im Dorf zu erarbeiten. Die auf dem Stundenblatt vorgesehenen Fragen sollen dabei an passenden Stellen eingebracht und diskutiert werden. Hierbei ist eine Aktualisierung dieses Problemes möglich und wünschenswert.
Bei der Besprechung des Stundenthemas ist besonders auf eine exakte Textarbeit zu achten. Auch wenn es für die Schüler mühsam sein sollte, muß jede Aussage zur Ansehenskurve mit entsprechenden Zitaten belegt werden. Eventuell ist hier auch eine kurze Wiederholung des korrekten Zitierens notwendig.
Wie bereits in der Vorbemerkung erwähnt, lassen sich in dieser Stunde eine Vielzahl aktueller Anknüpfungspunkte finden. Besonders fruchtbar erscheint das Thema der Rechtfertigungspredigt Pfarrer Eccelius': „So spricht der Herr Zebaoth: Richtet recht, und ein jeglicher beweise an seinem Bruder Güte und Barmherzigkeit. Und tuet nicht Unrecht den Fremdlingen und denke keiner wider seinen Bruder etwas Arges in seinem Herzen.“ (S. 73, Z. 11 ff.).
Wie sehr das Ansehen einzelner Personen von Unkenntnis, Vorurteilen und Oberflächlichkeiten bestimmt wird, zeigt das Ansehen von Ursel und Abel Hradscheck in Tschechin.

Hausaufgabe

Als Hausaufgabe sollen die Schüler das Thema der nächsten Stunde vorbereiten.

Sie lesen zur Gegenüberstellung von Ursel und Abel Hradscheck die Seiten 7 bis 22 der Lektüre nochmals und markieren dabei mit unterschiedlichen Farben Aussagen über Ursel und Abel. Mit einer dritten Farbe sollen Gemeinsamkeiten der beiden festgehalten werden.

4. Stunde: Gegenüberstellung von Abel und Ursel Hradscheck

Vorbemerkungen

Ausgehend von jeweils vier Bildern von bekannten Dichterinnen und Dichtern aus dem 19. und 20. Jahrhundert sollen die Schüler eine Person auswählen, die anhand der gefundenen Textbelege Ursel bzw. Abel Hradscheck darstellen könnte. Denkbar wäre auch die Anfertigung eines „Phantombildes“ oder die Verwendung der Zeichnungen im Klett-Leseheft S. 142 f.
Für die Unterrichtsrealität wird es sicherlich so sein, daß einige Portraits vorgegeben werden. Diese könnten so aussehen wie auf den Arbeitsblättern 6a und 7a. Die Abbildungen verfolgen einerseits den Zweck, den Schülern unterschiedliche Menschen zu zeigen, die vom Aussehen her mit dem Text mehr oder weniger übereinstimmen. Andererseits können die Schüler bei entsprechenden Nachfragen mit bedeutenden Persönlichkeiten aus der deutschen Literaturgeschichte bekannt gemacht werden.

Sachanalyse

Ursel Hradscheck

Als Ausgangspunkt der Charakteristik dient Ursel Hradschecks Aussehen:

- Abel und Ursel Hradscheck sind ca. 40 Jahre alt: sie „waren gleichaltrig, Anfang Vierzig, ...“ (S. 9, Z. 17 f.).
- Ursel ist eine gepflegte Frau, die Wert auf ihr Äußeres legt und dafür Zeit und wahrscheinlich auch Geld verwendet: „... schwarz, aber sorglich gekleidet, ganz wie jemand, der sich auf Figurmachen und Toilettendinge versteht“ (S. 8, Z. 9 ff.).
- sie unterstreicht durch diese Wertschätzung ihre Schönheit und Attraktivität, auch wenn diese offensichtlich am Verblassen sind: „... daß es ihrer Zeit eine sehr schöne Frau gewesen sein mußte; ja, sie war es beinah noch“ (S. 9, Z. 13 f.).
- der Grund für das Verblassen ihrer Schönheit liegt am Schicksal, das sie durchlebt hat: „Aber man sah auch, daß sie viel erlebt hatte, Glück und Unglück, Lieb und Leid, und durch allerlei schwere Schulen gegangen war“ (S. 9, Z. 14 ff.).

Möglicherweise ist es Ursel Hradschecks Aussehen, das ihr ein Gefühl der Überlegenheit über die Tschechiner gibt. Hinzu kommt natürlich auch, daß sie offensichtlich eine bessere Bildung genossen hat als die Dorfbewohner: „Willst du mir einen Vorwurf daraus machen, daß ich nicht wie die Pute, die Quaas, bin, die ‚mir‘ und ‚mich‘ verwechselt ... und Liebschaftenhaben für Bildung hält ...“ (S. 19, Z. 15 ff.).
Allerdings relativiert Ursel Hradscheck ihre überlegene Bildung durch ihr Verhalten. Sie glaubt sich durch ihre Herkunft der Dorfbevölkerung weit überlegen und zeigt sich gegenüber den Tschechinern äußerst arrogant: „Freilich bin ich feiner als die Leute hier, in meiner Gegend ist man feiner“ (S. 19, Z. 14 f.). Dies ruft natürlich Neid, Mißgunst und Widerstand der Dorfbevölkerung hervor, zumal Ursel

Hradscheck keine Gelegenheit ausläßt, um ihre angebliche Bildung auch in Äußerlichkeiten zu zeigen: „daß ich's ein bißchen hübsch oder, wie du sagst, vornehm haben möchte" (S. 18, Z. 21 f.). Diese Vornehmheit zeigt sich nach Ursels Ansicht darin, einen Trumeau zu besitzen: „Bloß weil ich einen Trumeau wollte, den man wollen muß, wenn man ein bißchen auf sich hält" (S. 19, Z. 28 f.). Dieses vornehme, neureiche Gehabe kann natürlich bei den Tschechinern keinen Gefallen finden.

Allerdings zeigt sich, daß es keinen Grund gibt für den Glauben Ursels, der Dorfbevölkerung überlegen zu sein, zumal ihre Bildung ihr nicht zu einem guten Geschmack verholfen hat: Die Ohrringe „wirkten anspruchsvoll und störten mehr, als sie schmückten. Aber für dergleichen gebrach es ihr an Wahrnehmung ..." (S. 16, Z. 12 ff.). Frau Hradscheck schmückt sich und ihre Wohnung also eher mit teuren, denn geschmackvollen Dingen.

Auch ihr Mann Abel zeigt deutlich, daß er ihr Verhalten mißbilligt, für das er Ursels Hochmut verantwortlich macht: „„... aber der verdammte Hochmut, daß es mit uns was sein sollte, das hat es gemacht, das ist es. Du wolltest hoch hinaus und was Apartes haben, ..." (S. 20, Z. 29 ff.). Dieser Hochmut und die Vornehmheit sind natürlich auch ein Grund für die äußerst schwierige finanzielle Situation der Hradschecks: „Ach, ich rede nicht gern davon, aber deine Vornehmheit ist mir teuer zu stehn gekommen" (S. 17, Z. 32 ff.). Der Hochmut ist wohl auch verantwortlich dafür, daß Ursel während des gesamten Gespräches (vergl. S. 16 ff.) keinerlei Mitgefühl und Interesse an den Sorgen ihres Mannes zeigt, dem sie sich offensichtlich auch weit überlegen fühlt. Von einer Ehepartnerschaft kann also keine Rede sein, denn Abel wird von seiner Frau mit immer neuen Vorwürfen überhäuft: „Was ich dir hundertmal gesagt habe, daß muß ich dir wieder sagen" (S. 18, Z. 7 f.). Betroffen wird Ursel allerdings erst von der Nachricht, daß die Gerichte sich möglicherweise bald um die Hradschecks kümmern werden (vergl. S. 21, Z. 4). Aber auch hier gilt das Mitleid und die Sorge erst ihr selbst, für Abel hat sie wieder nur Vorwürfe übrig: „Das darf nicht sein, sag' ich. Alles andre. Nein, Hradscheck, das darfst du mir nicht antun, ..." (S. 21, Z. 5 f.).

Es wird deutlich, daß Ursel Hradscheck keineswegs die sensible, hochgebildete und überlegene Dame ist, als die sie sich selbst sieht. Sie ist eine egoistische, arrogante Frau, die ihrem Mann das Leben durch ständige neue Ansprüche und Vorwürfe erschwert.

Alle bis hier erwähnten Feststellungen und Zitate können die Schüler – vorbereitet durch die Hausaufgabe – in den Unterricht einbringen. Ergänzt werden sollte noch, daß schon vor der Tat deutlich zu erkennen ist, daß Ursel Hradscheck – im Gegensatz zu ihrem Mann – nicht die Nerven hat, den Mord ohne körperliche und seelische Schäden zu überstehen: „Der Frau Hradscheck aber fehlten die guten Nerven, deren ihr Gatte sich rühmen konnte" (S. 29, Z. 26 f.). Daß sie ein solches Verbrechen nicht verkraften kann, liegt an der in ihr verwurzelten Religiosität und Frömmigkeit: „Selig sind die Friedfertigen; selig sind, die reinen Herzens sind; selig sind die Sanftmütigen. All die kommen in Abrahams Schoß. Aber wohin kommen wir?" (S. 91, Z. 9 ff.).

Abel Hradscheck

Abel Hradscheck plagen schwere finanzielle Sorgen, die ihn schon an Pfändung und Gericht denken lassen: „Ich weiß nicht aus noch ein und habe Sorgen über

Sorgen" (S. 8, Z. 24 f.) und „Die Gerichte fragen nicht lange" (S. 21, Z. 4). Die Gründe hierfür sind für Ursel offensichtlich: „‚... Sorgen.' ‚Worüber? Weil du nichts Rechtes zu tun hast ... Ach, das verdammte Spiel, ... Aber ein Wirt, der nicht glücklich spielt, muß davonbleiben; sonst spielt er sich von Haus und Hof. Und dazu das Trinken, immer der schwere Ungar, bis in die Nacht hinein'" (S. 8, Z. 25 ff.). Sie wirft ihrem Mann sicherlich zu Recht vor, er sei ein Spieler und Trinker und sorge so für den Untergang des Geschäftes. Diese Vorwürfe wiederholt sie in ihrem zweiten Gespräch, in dem sie Hradscheck auch noch dessen berufliche Unfähigkeit vorwirft: „Du bist kein guter Kaufmann, denn du hast das Kaufmännische nicht gelernt, und du bist kein guter Wirt, denn du spielst schlecht oder doch nicht mit Glück und trinkst nebenher deinen eigenen Wein aus" (S. 18, Z. 7 ff.). Hier trifft Ursel wohl einen der Gründe für den schlechten finanziellen Zustand des Geschäftes. Ihre eigene Verantwortung (siehe oben) verschweigt sie allerdings.

Die Behauptung Ursels, Abel sei ein Egoist, ist nur zum Teil richtig. Wenn man die religiöse Einstellung Hradschecks bedenkt, die zu einem späteren Zeitpunkt deutlich wird („Ich denke, leben ist leben, und tot ist tot." S. 92, Z. 2), ist es nicht verwunderlich, daß Abel Hradscheck den Todestag seiner Kinder vergißt: „Es ist bloß Sterbetag. Sterbetag deiner Kinder. Aber du vergißt alles. Bloß dich nicht." (S. 8, Z. 16 ff.). Daß sein Egoismus nicht ganz so groß sein kann, zeigt sich an seinem Verhalten gegenüber seiner Frau, der er trotz aller Vorhaltungen durchaus versöhnlich und liebevoll entgegentritt (vergl. u. a. S. 9, Z. 5 ff.). Allerdings zeugt sein Verhalten gegenüber den toten Kindern von einer gewissen Gefühllosigkeit: „Nun ja, sie sind tot, aber ich kann nicht trauern und klagen, daß sie's sind. Umgekehrt, es ist ein Glück." (S. 8, Z. 21 f.). Ein ähnlich unsensibles Verhalten zeigt Abel nach dem Umbau, als er das Zimmer, in dem der Mord geschah, seiner Frau als Schlafzimmer anbietet: „Hradscheck erwartete Dank und gute Worte zu hören. Aber die Kranke sagte nur: ‚Hier? Hier, Abel?' ‚Es sind neue Steine', stotterte Hradscheck" (S. 88, Z. 29 ff.).

Diese Gefühllosigkeit setzt ihn in die Lage, auch beim Fund des toten Franzosen völlig ruhig zu bleiben. Es gibt keine panische Reaktion, kein hektisches Rufen nach der Polizei, kein Erschrecken. Hradscheck bleibt ganz gelassen, fragt sich, nachdem er festgestellt hatte, daß der Tote ein Soldat gewesen sein mußte, zunächst: „Wie kam der hierher?" (S. 14, Z. 15). Danach folgt ein sorgfältiges Abwägen, was zu tun ist: „Hradscheck stützte sich auf die Krücke seines Grabscheits und überlegte. ‚Soll ich es zur Anzeige bringen. Nein. Er macht bloß Geklatsch ... Er kann hier weiter liegen.'" (S. 14, Z. 16 ff.). Und schon während er die Leiche wieder vergräbt, plant er sehr genau und sorgfältig sein weiteres Vorgehen: „Heut' aber gingen" die Gedanken und Vorstellungen „nicht, sondern wurden Pläne, die Besitz von ihm nahmen" (S. 14, Z. 25 f.).

Als einziges Hindernis für seine Pläne zeigt sich aber schon jetzt sein Hang zum Aberglaube. Obwohl von seiner Nachbarin, Mutter Jeschke, nichts zu sehen ist, fürchtet er doch, sie könne seine zukünftige Tat erahnen: „Gott sei Dank, die Jeschke war nicht da. Aber freilich, wenn sie sich unsichtbar machen und sogar Tote sehen konnte, Tote, die noch nicht tot waren, warum sollte sie nicht Gestalten sehn, die jetzt vor seiner Seele standen?" (S. 15, Z. 1 ff.). Das Schwanken zwischen Vernunft und Aberglaube verfolgt ihn durch die gesamte Novelle und ist mitverantwortlich für seinen Tod.

Diese Unsicherheit, seiner Vernunft zu folgen, ist um so verwunderlicher, da Abel Hradscheck die Durchführung des Mordes mit aller Gelassenheit und Ruhe angeht: „Hradscheck, voll Beherrschung über sich selbst, ...“ (S.29, Z.19) und „Der Frau Hradscheck fehlten die guten Nerven, deren ihr Gatte sich rühmen konnte.“ (S.29, Z.26f.).

Während Abel Hradschecks Glaube an Hexen und Gespenster immer mehr zunimmt, bleibt seine Ablehnung der Religion durch die gesamte Novelle bestehen. Für Religiosität und Frömmigkeit hat er keinen Sinn, für ihn hat die Freundschaft zu einem Pastor einzig und allein eine geschäftliche Bedeutung: „... die Freundschaft mit einem Pastor kann man doppelt brauchen. Es gibt einem solch Ansehen.“ (S.17, Z.1f.). Wie bereits erwähnt, bereitet ihm auch der Tod keine religiösen Probleme: „Ich denke, leben ist leben, und tot ist tot. Und wir sind Erde, und Erde wird wieder Erde. Das andere haben sich die Pfaffen ausgedacht.“ (S.92, Z.2ff.).

Gemeinsamkeiten der Eheleute

In den beiden Gesprächen des Ehepaares Hradscheck auf S.8ff. und S.16ff. zeigen sich zwei Menschen, die mit ihrem derzeitigen Leben unzufrieden sind. Es stellt sich aber auch die Frage, warum Abel und Ursel geheiratet haben und warum beide immer noch zusammenbleiben. Gerade Ursel ist es doch, die ihrem Mann vorwirft, ein völliger Versager zu sein, der ihre Ansprüche an Bildung und Vermögen nicht erfüllen kann. Zumindest teilweise scheint ihr Abel auch zuzustimmen. Widerspricht er seiner Frau, so geschieht dies immer sehr zurückhaltend.

Welche Gemeinsamkeiten des Ehepaares Ursel und Abel Hradscheck gibt es also, die ihrer Ehe weiterhin Bestand geben?

Offensichtlich passen beide rein äußerlich recht gut zusammen und sind etwa gleich alt: „Er und sie machten ein hübsches Paar und waren gleichaltrig, Anfang Vierzig ...“ (S.9, Z.16ff.). Das allein ist aber noch kein Grund zur Heirat. Aber „ihre Sprech- und Verkehrsweise ließ erkennen, daß es eine Neigung gewesen sein mußte, was sie vor länger oder kürzer zusammengeführt hatte“ (S.9, Z.18ff.). Daß es sich um eine Liebesheirat gehandelt hat, belegt auch die Aussage Abel Hradschecks: „... weil ich dich liebte, weil ich vernarrt in dich war, da hab' ich dich bei der Hand genommen ...“ (S.20, Z.18ff.).

Für Abel spielte es auch keine Rolle, daß Ursel von ihrem früheren Liebhaber mit einem Kind sitzengelassen und von ihrem Vater verstoßen worden war. Eine für die damalige Zeit sicher außergewöhnliche Haltung. Diese Liebe aus früheren Tagen ist für ihn immer noch lebendig: „... denn du weißt, daß ich in meiner Neigung und Liebe zu dir der alte bin ... (S.20, Z.21f.). Ihre eigene Vergangenheit vergessend, wirft Ursel ihrem Mann eine frühere Liebschaft vor: „... und darfst mir nicht Vorwürfe machen wegen der Rese drüben in Neu-Lewin ...“ (S.20, Z.24f.). So zeigt sich, daß beide dunkle Flecken in ihrer Vergangenheit haben, wobei Ursel diese scheinbar besser verdrängen kann.

Der entscheidende Punkt, der den Zusammenhalt des Ehepaares während der Novelle manifestiert, ist ihre finanzielle Notlage. Ausgangspunkt dieser Situation ist, daß Abel und Ursel Hradscheck über ihre Verhältnisse leben: „... weil alles in“ der Wohnstube „um vieles besser und eleganter war, als sich's für einen Krämer und Dorfmaterialisten schickte“ (S.7, Z.20ff.). In erster Linie verantwortlich für diese ungewöhnliche Eleganz ist Ursel Hradscheck (vergl. u.a. S.19, Z.28f.). Allerdings ist Abel nicht in der Lage, seiner Frau zu verdeutlichen, daß dieser Lebensstil für sie nicht finanzierbar ist. Zusätzlich vergrößert er die Schulden durch seinen Hang zum Spielen und Trinken und seine ungenügenden kaufmännischen Leistungen. Daß seine frühere Liebschaft offensichtlich auch sehr kostspielig war, zeigt sich in manchen Andeutungen (vergl. S. 20, Z. 21 ff.). Als Ursel Hradscheck endlich die Situation begreift, zwingt die Not sie zu einer engen Partnerschaft, wie es sie vielleicht in früheren Zeiten unter anderen Umständen schon einmal gab. Beide fürchten sich vor der Blamage vor den Dorfbewohnern. Ursel spricht es aus, wenn sie sagt: „... aber wenn uns was passierte, dann würden" die Dorfbewohner „lachen" (S. 21, Z. 12 f.).

Eine geradezu panische Angst hat Ursel vor Armut. „Was Jammer und Elend ist, das weiß" (S. 21, Z. 8) sie, das hat sie in der Zeit vor der Heirat erfahren. Diese Erlebnisse waren so tiefgreifend, daß Ursel bereit ist, alles zu tun, um die Armut abzuwenden: „... nur nicht arm. Armut ist das Schlimmste, schlimmer als Tod, schlimmer als ..." (S. 21, Z. 19 f.). Genau mit dieser Reaktion hat Abel gerechnet: „Und was sagte sie neulich, als ich das Gespräch mit ihr hatte? ‚Nur nicht arm sein ... Armut ist das Schlimmste.' Daran halt ich sie; damit zwing' ich sie. Sie muß wollen." (S. 15, Z. 23 ff.). Er stimmt ihrer Aussage – sicherlich auch aus tiefer Überzeugung – zu: „Er nickte. ‚So denk' ich auch, Ursel. Nur nicht arm.'" (S. 21, Z. 21).
Somit ist der erste Teil von Abel Hradschecks Plan gleich dreifach geglückt:

1. Die Durchführung des Mordplanes wird möglich,
2. weil Abel seine Frau zur Komplizin gewinnt, und
3. damit das Ehepaar (wieder) fest zusammen bindet.

Als Fazit kann festgehalten werden:
Die dominierende Rolle in der Ehe nimmt zunächst Ursel Hradscheck ein. Ihre Forderungen und Vorwürfe an Abel treiben das Ehepaar in eine extreme finanzielle Notlage, die Abel durch seine Spiel- und Trunksucht, seine frühere Liebschaft sowie seine mangelnden kaufmännischen Kenntnisse noch verschärft. Dies bringt Hradscheck dazu, ein Verbrechen als Lösung zu planen. Da sich Ursel diesem Plan unterwirft, übernimmt Abel von diesem Zeitpunkt an die Führung in der Ehe.

Methodisches Vorgehen

Phase 1

In der Motivationsphase sollen sich die Schüler vorstellen, sie seien Produzent bzw. Regisseur des Kriminalfilmes „Unterm Birnbaum". Das Drehbuch ist geschrieben, und es gilt nun, die Rollen zu besetzen. Für den Film werden neue, unverbrauchte Gesichter gesucht, die noch nicht durch andere Film- oder Fernsehrollen bekannt und damit auf eine bestimmte Rolle festgelegt sind. Entsprechend der Bedeutung des Projektes haben Hunderte von Schauspielerinnen ihre Bewerbungen um die Rolle der Ursel Hradscheck abgegeben. Aus den umfangreichen Bewerbungsmappen mit vielen Fotos haben filmerfahrene Hilfskräfte vier Schauspielerinnen ausgewählt.
Mit Hilfe einer Folie werden vier Frauenbilder an die Wand projiziert (vergl. Arbeitsblatt 6 a). Um die Auswahl nicht zu beeinflussen, sind nur die Bilder ohne Namen und Altersangaben zu sehen. Relativ schnell wird man die Bilder rechts oben und links unten aus der Diskussion herausnehmen können: Die Dame auf der Abbildung Nr. 3 ist sicherlich zu jung, um Ursel Hradscheck darstellen zu können.

Wohingegen die Dame auf dem Bild Nr. 2 für Ursel Hradscheck zu alt ist. Im Verlaufe dieser ersten Diskussion sollte das Grobschema des Tafelbildes, bestehend aus den Überschriften Ursel Hradscheck, Abel Hradscheck und Gemeinsamkeiten der Eheleute Hradscheck bereits an der Tafel vorbereitet werden. (vergl. Stundenblatt)
Es wird eine erste Gemeinsamkeit im Lebensalter des Ehepaares Hradscheck an der Tafel festgehalten: sie „... waren gleichaltrig, Anfang Vierzig ..." (S. 9, Z. 17 f.). Somit wird es im Verlaufe des weiteren Gespräches darum gehen, ob man der „Schauspielerin" links oben (Nr. 1) oder der „Schauspielerin" rechts unten (Nr. 4) die Rolle geben wird. Einwände, Dame Nr. 1 sehe für die Rolle zu modern aus, können durch Hinweise auf eine entsprechende Kostümwahl und Frisur entkräftet werden.
Für den Unterricht wäre es am fruchtbarsten, wenn sich in der Klasse eine Bild-1- und eine Bild-4-Fraktion bilden würde. Beide Parteien müssen demnach Textbelege vorbringen, die zeigen, daß ihre Favoritin die richtige für die weibliche Hauptrolle ist. Sollte dies nicht der Fall sein und eine klare Tendenz zu einer der Damen zu erkennen sein, könnte eventuell der Lehrer die Rolle des Managers der unterlegenen Dame übernehmen und ihre Vorzüge ins rechte Licht rücken.
Bei aller Freude bei der Diskussion um die Besetzung der Hauptrolle des Filmes darf allerdings nicht der Schwerpunkt dieser Phase vergessen werden: die Charakterisierung Ursel Hradschecks, die über reine Äußerlichkeiten hinausgeht.

Zum Abschluß dieser Unterrichtsphase kann noch einmal die Frage gestellt werden, welche der „Schauspielerinnen" für die Filmrolle ausgewählt wird. Bei Nachfragen sollten auch die Namen, Lebensdaten und die Bedeutung der vier Damen den Schülern mitgeteilt werden (vergl. Arbeitsblatt 6 b).

Phase 2

Mit der gleichen Ausgangsfrage, mit der die weibliche Hauptrolle des Filmes besetzt wurde, soll auch die Besetzung der männlichen Hauptrolle angegangen werden. Erneut wird eine Folie, dieses Mal mit vier männlichen Portraits (vergl. Arbeitsblatt 7 a) an die Wand projiziert. Anhand des Alters („Anfang Vierzig", S. 9, Z. 18) kommen Nr. 1, der auf diesem Bild zu alt ist, und Nr. 3, der auf diesem Bild zu jung ist, nicht in Betracht. Somit bleiben auch hier zwei Bilder übrig, auf die sich die Diskussion konzentriert: Nr. 2 und Nr. 4. Alle methodischen Bemerkungen, die bei der Diskussion der Frauenbilder eingebracht wurden, gelten natürlich auch für die Männerportraits, so daß auf diese Problematik hier nicht mehr eingegangen werden muß. Allerdings ist die Auswahl des „Schauspielers" etwas schwieriger, da Fontane die Äußerlichkeiten Abel Hradschecks weniger genau beschreibt als die seiner Frau. Da Abel als „ein Feinschmecker" (S. 12, Z. 12 f.) beschrieben wird, kann man wohl auf eine etwas beleibte Figur schließen. Dazu paßt auch die weiße, fleischige Hand, mit der er seine Frau streichelt (vergl. S. 9, Z. 9 f.). Ebenso wie am Ende von Phase 1 können noch einmal die Portraits gezeigt und der beste Abel-Hradscheck-Darsteller gesucht werden. Auch hier sollten bei Nachfragen Namen, Lebensdaten und Bedeutung der abgebildeten Dichter genannt werden (vergl. Arbeitsblatt 7 b).

Phase 3

Die Erarbeitung der Gemeinsamkeiten des Ehepaars Hradscheck soll in einem Unterrichtsgespräch geleistet werden. In dieser Phase sollten insbesondere die unterschiedlichen Machtverhältnisse und ihre Schwankungen innerhalb der Partnerschaft diskutiert werden.

Alternative: Statt der Portraits wäre auch eine Beschäftigung mit dem Materialienteil des Klett-Leseheftes denkbar. Dort finden sich auf den Seiten 142 bis 145 Zeichnungen, die mit denselben Fragestellungen betrachtet werden können wie die Portraits.

Hausaufgabe

Für die Hausaufgabe wird die Klasse in zwei Gruppen aufgeteilt. Dabei soll eine Gruppe eine Charakteristik von Abel, die zweite eine Charakteristik von Ursel Hradscheck anfertigen. Hierbei müssen die in der Stunde erarbeiteten Ergebnisse und mögliche eigene Erkenntnisse einfließen.

Alternative: Die Aufteilung der Klasse in zwei Gruppen bleibt bestehen. Eine Gruppe bearbeitet das in den Materialien des Klett-Leseheftes S. 132 vorgegebene Arbeitsblatt, die andere Gruppe beschäftigt sich mit dem Arbeitsvorschlag auf S. 136.

5./6. Stunde: Rekonstruktion des Verbrechens

Vorbemerkungen

Entscheidend in jedem Kriminalfall ist die Frage: Wie hat sich das Verbrechen abgespielt? Die Antwort auf dieses Problem steht daher im Mittelpunkt dieser Unterrichtseinheit bzw. ist Basis der Methodik-Pyramide. In diesen beiden Stunden muß es oberstes Ziel sein, das Verbrechen exakt zu rekonstruieren und die Vorgehensweise der Verbrecher genau zu untersuchen. Wichtig ist hierbei natürlich auch, die Überlegungen Abel Hradschecks nachzuvollziehen, um seine geplanten Täuschungsmanöver zu verstehen. Die falschen Fährten, die Abel legt, bringen ihn zunächst ins Gefängnis, aus dem er später triumphierend zurückkehrt. Da dieser Plan die Neugier und Geschwätzigkeit Mutter Jeschkes bewußt einschließt, ist es nun an der Zeit, in einem Referat (Thema 3) die Lage der Häuser und Grundstücke der Hradschecks und Mutter Jeschkes zu klären. Wurde in der 4. Stunde die alternative Hausaufgabe gegeben, entfällt Referat 3.
Grundsätzlich sollte man davon ausgehen, daß nicht alle Schüler die Durchführung der Tat durchschauen. Viele sind durch ihren alltäglichen Film-, Fernseh-, Video- und (möglicherweise) Literaturkonsum an eindeutige, plakative Aussagen gewöhnt, die ein Mitdenken des Betrachters oder Lesers nicht erforderlich machen. Gerade solchen Schülern kann und soll gezeigt werden, daß mitdenkendes Lesen durchaus zu einem Vergnügen werden kann.
Das Thema 1 der Hausaufgabe (vergl. S. 27) könnte auch in einer Klassenarbeit behandelt werden. Sollte dies geplant sein, wird auf diese Hausaufgabe verzichtet und statt dessen Thema 2 (vergl. S. 27/28) gestellt.

Sachanalyse

Bei der Rekonstruktion des Verbrechens lassen sich drei Phasen unterscheiden:
1. Die Planung
2. Die Handlung
3. Die Nachforschung

Die Planung

Abel Hradschecks finanzielle Probleme sind den Schülern hinlänglich bekannt. Um sie zu lösen, geht Abel einerseits traditionelle, ehrliche Wege (Verkauf von Zitronen, Äpfeln usw. (S.5, Z.15ff.), Arbeit in Gaststätte und Laden). Andererseits greift er nach jedem Strohhalm, der sich ihm bietet, um an Geld zu kommen. Zunächst sind das in erster Linie das Glücksspiel bzw. die Lotterie. Als er beim Lotto einmal mehr eine Niete gezogen hatte, kommen in ihm – zunächst unterschwellig, dann aber immer deutlicher – Gedanken an illegale Handlungen auf. Obwohl er das Ziel eines möglichen Verbrechens bereits kennt, zumindest aber ahnt („Und als im selben Moment das Bild des Reisenden, dessen Anmeldung er jetzt täglich erwarten mußte, vor seine Seele trat, ...", S.12, Z.4ff.), lehnt er ein Verbrechen zu dieser Zeit noch ab („... trat er erschreckt zurück und wiederholte nur so vor sich hin: ‚Es geht nicht'." S.12, Z.6f.). Die Ablehnung geschieht in diesem Moment wohl eher aus praktischen denn aus moralischen Gründen, da Abel keine Möglichkeit sieht, die Tat straflos zu überstehen.

In dieser Situation kommt ihm der Zufall zu Hilfe. „Unterm Birnbaum" findet er den toten Franzosen (S.14, Z.9ff.), und sofort kommen ihm alle Gedanken der vergangenen Tage und Wochen in den Sinn. Früher hatte er „noch Kraft genug, das Netz, das ihm diese Gedanken und Vorstellungen überwerfen wollten, wieder zu zerreißen" (S.11, Z.35ff.), aber nach dem Fund des Franzosen „gingen (die Gedanken und Vorstellungen) nicht, sondern wurden Pläne, die Besitz von ihm nahmen" S.14, Z.25f.). Offensichtlich hat Abel bereits mehrere Pläne zu einem Verbrechen durchgedacht, jetzt bietet sich ihm aber durch diesen Zufall die Möglichkeit, eine Idee in die Tat umzusetzen. Er bleibt daher ganz kühl und gelassen und scharrt die Leiche wieder zu. Den Gedanken an Mutter Jeschke verwirft er und wendet sich seinem derzeit dringendsten Problem zu: „Es müssen zwei sein ..." (S.15, Z.19f.). Das bedeutet, er braucht zur Durchführung der Tat die Hilfe seiner Frau. Hier „liegt der Stein" (S.15, Z.19) für ihn, denn „wissen muß sie's" (S.15, Z.19).
Aber diese Schwierigkeit kann ihn nicht lange aufhalten. Er kennt die Schwachstelle seiner Frau genau. Für sie gibt es nichts Schlimmeres, als wieder arm zu sein. Das ist das Argument, mit dem er sie zur Mittäterschaft zwingen will und zwingen wird.

Die Handlung

Nach Abschluß der Planung geht Abel unverzüglich zur Durchführung über. Im Laufe des Gespräches, das er mit Ursel gleich nach dem Fund der Leiche führt, zeigt er ihr die ausweglose finanzielle Situation in aller Deutlichkeit auf. Er bittet seine Frau zur Fortführung des Gespräches in den Garten, denn – so sagt er –: „Die Wände hier haben Ohren" (S.21, Z.22f.). Ursel, die sich der Bedeutung der Unterredung nicht bewußt ist, „plauderte" (S.21, Z.25) und merkt nicht, daß ihr Mann „schwieg und überlegte" (S.21, Z.27), wie er ihr seinen Plan mitteilen könnte. Offensichtlich entschließt er sich zu einer Schocktherapie, da er „mit einem Male stehen" bleibt, das Wort nimmt und „auf die wieder zugeschüttete Stelle neben dem Birnbaum wies" (S.21, Z.27ff.). Ursels anfänglicher Schock („Ursels Augen [wurden] immer größer", S.21, Z.30) und ihr Widerstand („Es geht nicht. Schlag es dir aus dem Sinn." S.21, Z.33) kann gegen Abels Beredsamkeit nicht ankommen („Er aber ließ

nicht ab, ...“, S. 21, Z. 35) und schließlich „nickte (sie), schwieg und beide gingen auf das Haus zu“ (S. 22, Z. 1 f.).
Damit kann der Plan in die Tat umgesetzt werden. Es beginnt damit, daß die Hradschecks eine Erbschaft vortäuschen („‚Oder is es ’ne Erbschaft?‘ ‚Is so was. Aber nicht der Rede wert.‘“ S. 24, Z. 19 f.). Sofort denken die Tschechiner an Abel Hradschecks Schulden („‚Na, da wird Reetzke drüben froh sein. Er war schon ungeduldig.‘“ S. 24, Z. 27 f.). Abels erster Schachzug ist geglückt: Die Dorfbevölkerung hat eine glaubwürdige Erklärung dafür bekommen, daß er seine Schulden jetzt problemlos bezahlen kann. Niemand kommt jetzt oder später auf den Gedanken, die Erbschaft zu überprüfen.
Einige Wochen lang kann Familie Hradscheck in Ruhe leben, der Klatsch der Nachbarn ist für sie ohne Bedeutung (S. 25 ff.). Kritisch wird die Lage für sie erst wieder, als die Firma Olszewski-Goldschmidt & Sohn in einem Brief ihren Kredit aufkündigt und gleichzeitig die Ankunft ihres Reisenden Szulski ankündigt. Nun ist Bargeld notwendig. Auch hier behält Abel einen kühlen Kopf. Er veruntreut die Feuerkassengelder, die zu diesem Zeitpunkt in seiner Obhut waren, und fügt einen kleinen Wechsel hinzu („‚Bis zum 30. hab’ ich noch die Feuerkassengelder.‘“ S. 29, Z. 9; „Und den Rest deck’ ich mit einem kleinen Wechsel.“ S. 29, Z. 11 f.). Somit bereitet es ihm keinerlei Probleme, seine Schulden bei Szulski zu begleichen. Sehr sorgsam achtet Hradscheck dabei auf die Anwesenheit von Zeugen bei der Übergabe des Geldes („Das Geschäftliche war in Gegenwart von Quaas und Kunicke rasch abgemacht und die hochaufgelaufene Schuldsumme, ganz wie gewollt, durch Barzahlung und kleine Wechsel beglichen worden ...“ (S. 31, Z. 22 ff.).
Welches Schicksal Szulski im Laufe der Nacht trifft, bleibt im Dunkeln.

Verdächtig macht sich Abel allerdings durch sein merkwürdiges Verhalten, das die Nachbarin Jeschke beobachtet. Aufgeweckt durch ein Unwetter, beobachtet sie, wie „drüben plötzlich die Hradscheck-sche Gartentür“ auffliegt „und Hradscheck selbst in der Türöffnung“ erscheint. Dabei liegt „etwas Dunkles, das er schon vorher herangeschafft haben mußte“ (S. 40, Z. 27 ff.) neben ihm. Allerdings hat Nachbarin Jeschke das Gefühl, „... als ob er wolle, daß man ihn sähe“ (S. 40, Z. 32 f.). Ihr Gefühl trügt sie hier nicht. Selbstverständlich hat Abel mit der Neugier seiner Nachbarin gerechnet und vergräbt die Speckseiten, die später helfen sollen, seine Unschuld zu beweisen.
Als am anderen Morgen die „Gestalt des Fremden“ (S. 43, Z. 7) zwar „mit besonderer Langsamkeit und Vorsicht“ (S. 43, Z. 9) die Treppe herunterkommt und „ohne was zu sagen“ (S. 43, Z. 31 f.) abreist, finden dies die Dienstboten zwar seltsam, führen es aber auf die frühe Stunde zurück. Niemand kommt auf die Idee, daß Ursel Hradscheck die Pelzmütze und den Mantel Szulskis trägt.
Sie ist es auch, die Szulskis Wagen in die Oder fährt („Szulskis Einspänner lag wie gekentert im Wasser, das Verdeck nach unten ...“ S. 47, Z. 29 f.). Trotz intensiver Suche gelingt es zunächst nur, die Pelzmütze Szulskis zu finden („Wirklich, Szulskis Pelzmütze hing an dem kurzen Geäst einer Kropfweide.“ S. 48, Z. 15).

Die Nachforschung

Abel Hradscheck hatte vorausgesehen, daß die fehlende Leiche „viel Gerede“ (S. 49, Z. 26) im Dorf hervorrufen und dies auch zu einer gerichtlichen Nachforschung führen wird („All dies kam zuletzt auch dem Küstriner Gericht zu Ohren ...“, S. 50, Z. 14). Allerdings führen diese

ersten Untersuchungen nur zu einem Briefwechsel zwischen Justizrat Vowinkel und seinem „Duz- und Logenbruder Eccelius“ (S. 50, Z. 18).
Erst nach der Aussage von Nachtwächter Mewissen, der „Frau Hradscheck zwischen den Pappeln an der Mühle gesehen haben wollte“ (S. 52, Z. 21 f.), intensiviert die Behörde ihre Aktion.
Justizrat Vowinkel sieht sich gezwungen, an den Tatort zu fahren, um die Dienstboten als Zeugen zu vernehmen. Insbesondere die Aussage von Jakob: „Un wihr man blot noch, dat he so'n beten lütt utsoah ...“ (S. 56; Z. 12 f.) vermehrt die Verdachtsmomente so stark, daß Abel Hradscheck in Haft genommen wird.

Ebenso schnell, wie sich die Volksmeinung gegen Abel richtete, wendet sie sich ihm wieder zu und schimpft nun auf das Gericht („Ja, man begann, auf das Gericht und den Gerichtsdirektor zu schelten“, S. 57, Z. 31 f.). Beweise gegen Hradscheck können nicht gefunden werden, und so ist es nur eine Frage der Zeit bis zu seiner Entlassung.
Einzig „ein Unerschütterlicher“ (S. 59, Z. 28), Gendarm Geelhaar, ist nach wie vor von Hradschecks Schuld überzeugt. Da man im Dorf allerdings die Feindschaft zwischen Hradscheck und Geelhaar kennt, gibt niemand einen Deut auf das Gerede des Gendarmen (vergl. S. 59, Z. 32 ff.).
Schließlich führt Geelhaars Unerschütterlichkeit doch zum Erfolg. Mutter Jeschke kann ihre Beobachtungen während der Mordnacht nicht für sich behalten und erzählt sie – wie von Hradscheck vorausgeahnt – dem Gendarm. Dieser verständigt sofort die Küstriner Justizbehörde und schon „vierundzwanzig Stunden später“ (S. 65, Z. 26) erscheint Justizrat Vowinkel mit dem Angeklagten zu einem Ortstermin.
Damit geht Hradschecks Plan endgültig auf. Wie erwartet, findet die Untersuchungskommission den toten Franzosen in Hradschecks Garten. In einer ersten Reaktion halten alle Anwesenden Abel des Mordes überführt, aber ruhig und gelassen kann dieser beteuern: „„Ich sage, daß dieser Tote meine Unschuld bezeugen wird““ (S. 69, Z. 7 f.). Und in der Tat ist klar, daß der hier gefundene Tote schon ungefähr zwanzig Jahre hier liegen müsse und „... jeder schämte sich, so wenig kaltes Blut und so wenig Umsicht und Überlegung gehabt zu haben. In einem gewissen Entdeckungseifer waren alle wie blind gewesen und hatten unbeachtet gelassen, daß ein Schädel, um ein richtiger Schädel zu werden, auch sein Stück Zeit verlangt und daß die Toten ihre Verschiedenheiten und ihre Grade haben, geradeso wie die Lebendigen. Am verlegensten war der Justizrat“ (S. 69, Z. 16 ff.).
Somit kann Abel Hradscheck seine Unschuld beweisen, und nachdem er auch noch für sein Verhalten in der Mordnacht die vorbereitete Erklärung mit den verdorbenen Speckseiten geben konnte (vergl. S. 71, Z. 2 ff.), steht seiner Entlassung nichts mehr im Wege (vergl. S. 70, Z. 32 ff.).
Abel Hradscheck ist es bis zu diesem Zeitpunkt gelungen, das perfekte Verbrechen zu planen und zu begehen. Mit erstaunlicher Kaltblütigkeit und großem psychologischen Einfühlungsvermögen gelingt es ihm zunächst, „mit Menschen wie mit Schachfiguren zu operieren“ (Dürrenmatt: Der Richter und sein Henker, Hamburg, 1993, S. 67). Alle menschlichen Eigenheiten, die er eingeplant hat, treten ein: Jeschkes Neugier und Geschwätzigkeit, Geelhaars Feindschaft, übereilte Schlußfolgerungen beim Fund des Toten, Leichtgläubigkeit bei der Erbschaft.
Letztendlich ist es aber Abel Hradscheck selbst, der für das Scheitern des Planes

die Verantwortung trägt. So ist es insbesondere seine „menschliche Unvollkommenheit“ (Dürrenmatt, Richter, S. 67), die das Verbrechen aufdeckt. Sein Glaube an Hexerei und übernatürliche Phänomene bringt ihn dazu, die Leiche Szulskis auszugraben. Hinzu kommt noch der „Zufall, der in alles hineinspielt“, (Dürrenmatt, Richter, S. 68) und in seine „Überlegungen“ nicht „einzubauen“ (Dürrenmatt, Richter, S. 67) war. Das winzige Vorrollen der Fässer bringt ihm den Tod.

Methodisches Vorgehen

Phase 1

Aus ihrer alltäglichen Fernseherfahrung ist den Schülern bekannt, daß in manchen Krimiserien am Ende der Kommissar/Inspektor/Detektiv alle beteiligten Personen, darunter den oder die Täter zu einem Gespräch bittet. Im Laufe dieses Gespräches teilt der Kommissar das Ergebnis seiner Nachforschungen mit. Als Folge entlarvt er den Täter bzw. der Täter entlarvt sich selbst, indem er flüchtet, die Anwesenden bedroht oder ein Geständnis ablegt. In einer kurzen Videoeinspielung (höchstens bis 2 Minuten Länge) soll den Schülern als Motivation ein Ausschnitt aus solch einem Gespräch gezeigt werden. Für diesen Zweck eignet sich besonders die Serie „Colombo“, in der der Kommissar am Schluß des Filmes dem Täter und dem Publikum häufig Fakten mitteilt, die beide Gruppen übersehen haben, die aber das Verbrechen aufdecken. Auch die Serie „Derrick“ oder „Der Alte“ endet häufig mit einer solchen Aufklärung.
Den Schülern sind diese Sendungen sicher bekannt, und es bereitet ihnen keine Mühe, die Serien zu benennen und das Schema der Filme zu erkennen. Festgehalten werden muß nun, warum der Kommissar/Inspektor/Detektiv dieses Gespräch am Ende führt und welche Fragen dabei beantwortet werden.

Phase 2

Von entscheidender Bedeutung für jedes Verbrechen – und eine der wichtigsten Probleme des Schlußgespräches – ist natürlich die Frage nach dem Motiv der Tat. Dies ist durch einen kurzen Rückblick auf die vorhergehende Stunde bei Abel und Ursel Hradscheck eindeutig: „Armut ist das Schlimmste, schlimmer als Tod, schlimmer als ...“ (S. 21, Z. 19 f.).
Nun wird durch ein Motiv noch niemand zum Verbrecher, also muß im Fernsehen genauso wie in „Unterm Birnbaum“ der Hergang der Tat rekonstruiert werden. Dabei müssen die Winkelzüge der Verbrecher erkannt, nachvollzogen und in ihrer Bedeutung geklärt werden.
Aufgabe des Lesers und des Fernsehkommissars ist es demnach, zunächst das Motiv des Verbrechens herauszufinden. Dies engt den Kreis der möglichen Täter ein. Danach gilt es, Ungereimtheiten im Leben dieser Personen bezüglich mit der Tat zu entdecken und in einen logischen Zusammenhang mit dem Verbrechen zu bringen. Erst dann kann der Täter entlarvt werden. Ist eine logische Aufklärung des Verbrechens nicht möglich, kann nur noch Kommissar Zufall helfen.

Phase 3

Eine Hauptaufgabe des Kommissars in der Literatur wie auch im Fernsehen ist die genaue Untersuchung des Tatortes. Häufig finden sich dort erste Hinweise, die auf die Spur des Täters führen. Daher muß vor der eigentlichen Untersuchung des Tatherganges die Lage des Hradscheckschen Hauses sowie seine Umge-

bung durch ein Referat (Thema 3, s. S. 9) geklärt werden. Mit Hilfe einer Skizze auf einer Overheadfolie verdeutlicht ein Schüler den Grundriß des Geschäftes und der Wohnung der Hradschecks (vergl. Arbeitsblatt 8). Außerdem müssen auf dieser Skizze Haus und Garten von Mutter Jeschke verzeichnet sein. Die „günstige" Lage dieses Hauses bietet einen hervorragenden, ungestörten Blick in den Garten der Hradschecks, was Abel für seine Irreführung der Justizbehörde nutzt. Mit berücksichtigt hat er dabei natürlich die greisenhafte Neugier und Geschwätzigkeit seiner Besitzerin.
Die Grundlagen für die Skizze findet der Referent im Text unter anderem S. 4, Z. 30 ff. und S. 39, Z. 16 ff.

Alternative: Wurden in der Hausaufgabe die Arbeitsblätter S. 132 und S. 136 des Materialienteiles des Klett-Leseheftes vorbereitet, können die Ergebnisse der Schüler – statt des Referates – im Unterrichtsgespräch verglichen werden.

Phase 4

Ausgangspunkt der Rekonstruktion des Verbrechens ist die Frage an die Schüler: Wie würdest du als Colombo oder Derrick den Ablauf des Verbrechens beschreiben?

Um diese Frage beantworten zu können, müssen zunächst die entsprechenden Fakten gesucht und gefunden werden. Hierzu wird die Klasse in Gruppen aufgeteilt. Jeweils zwei (in großen Klassen drei) Gruppen beschäftigen sich mit der Planung des Verbrechens, mit der Durchführung der Tat und mit den Nachforschungen der Justiz. Durch die unterschiedliche Länge der Textgrundlagen ist eine Differenzierung innerhalb der Klasse nach dem Leistungsvermögen des einzelnen möglich.

Der Gruppenarbeit liegen folgende Fragen und Textstellen zugrunde:

Gruppe 1: Planung des Verbrechens
In welchen Schritten vollzieht sich der Entschluß Abels, das Verbrechen zu begehen und Ursel zur Mittäterschaft zu bewegen?
Textgrundlage: S. 11–S. 15

Gruppe 2: Handlung
(Durchführung der Tat)
In welchen Phasen läuft die Ermordung Szulskis ab? Welche Täuschungsmanöver planen Ursel und Abel ein?
Textgrundlage: S. 21–49

Gruppe 3: Nachforschung (der Justiz)
Welche Anstrengungen unternimmt die Justiz bis zur Verhaftung Abels? Welche Ereignisse führen zu seiner Entlassung?
Textgrundlage: S. 49–70

Vor Beginn der Gruppenarbeit wird an der Tafel nochmals das Motiv der Hradschecks festgehalten: „Armut ist das Schlimmste ..." (S. 21, Z. 19).
Im Laufe der Gruppenarbeit kann der Lehrer dies durch die Grobgliederung des Tafelanschriebes in Planung, Handlung, Nachforschung ergänzen (vergl. Stundenblatt).

Hausaufgabe

Der Abschnitt von S. 21, Z. 24 bis S. 22, Z. 2 dient als Textgrundlage für die Hausaufgabe. Aufgabe der Schüler soll es sein, für einen Film, in dem dieses Gespräch eine zentrale Rolle spielt, einen Dialog zu schreiben (Thema 1).
Diese Aufgabe wäre auch als Thema einer Klassenarbeit denkbar. Soll sie hierfür genutzt werden, kann folgende Alternative (Thema 2) als Hausaufgabe gestellt werden:
Schreibt für die Zeitung ... (Name des regionalen Blattes) einen Bericht, in dem

dargestellt ist, wie Abel Hradscheck die Mordtat geplant und durchgeführt hat (vergl. hierzu auch S. 137 des Klett-Leseheftes).

7. Stunde: Die Verarbeitung der Schuld bei Abel und Ursel Hradscheck

Vorbemerkungen

In Zeiten, in denen der Film- oder Buchheld mit modernsten Waffen seine Feinde zu Hunderten tötet, mag es manchen Schülern geradezu lächerlich erscheinen, daß man sich wegen eines einzigen Mordes so viele Gedanken macht. Rambo und seine Genossen haben diese Probleme nicht. Warum also ist der tote Szulski ein Problem für Ursel und Abel Hradscheck?
Ziel dieser Stunde muß es sein, die unterschiedliche Verarbeitung der Schuld bei Abel und Ursel herauszuarbeiten. Während es Ursel aufgrund ihrer Religiosität nicht gelingt, die Schuld zu verdrängen, ist dies für Abel kein Problem. Für ihn ist nur die Vertuschung des Mordes entscheidend.
In dieser Stunde kann den Schülern aufgezeigt werden, daß das Leben eines Menschen – auch in unserer von Gewalt- und Horrorvisionen geprägten Zeit – das höchste Gut auf der Erde ist. Hier ist Literatur der Ausgangspunkt zur Diskussion existentieller Probleme.

Sachanalyse

Die Verarbeitung der Schuld bei Abel

Ausgangspunkt zur Frage der Schuldbewältigung muß natürlich der Mord sein. Zu jedem Mord – so wurde in den vergangenen Stunden festgehalten – gibt es ein Motiv. Dieses Motiv ist für Abel und Ursel Hradscheck gleich: „Armut ist das Schlimmste“ (S. 15, Z. 24f.). Während aber Abel für seine gesellschaftliche Reputation im wahrsten Sinne des Wortes bereit ist, über Leichen zu gehen, gilt dies für seine Frau nur sehr bedingt. Abel entschuldigt die Tat bereits im voraus mit seinem egoistischen Leitspruch: „Not kennt kein Gebot“ (S. 15, Z. 22f.). Wichtig für ihn ist einzig und allein, daß er vor der Gesellschaft sein Gesicht wahren kann. Hierzu ist ihm jedes Mittel recht. Auch Ursel möchte ihre Stellung behalten, aber trotz ihrer Aussage: „Armut ist das Schlimmste, schlimmer als Tod, schlimmer als ... (S. 21, Z. 19f.) wird deutlich, daß sie vor der Tat zurückschreckt. Abel muß alle seine Überredungskünste einsetzen, um sie als Mittäterin zu gewinnen (vergl. S. 21, Z. 24ff.). Die Hauptverantwortung für die Planung und Durchführung der Tat liegt also bei Abel, Ursel folgt seinen Anweisungen als Mitläuferin.

Im Laufe der Novelle wird klar, daß Abel eigentlich das perfekte Verbrechen geplant hatte. Nicht nur, daß die Tat selbst wohlüberlegt war, auch die Zeit nach dem Verbrechen war sehr genau bedacht. Dies zeigt sich sowohl bei seiner Rede in der Kirchengemeinderatssitzung, bei der „die Dankbarkeitsstelle sogar mit zitternder Stimme gesprochen“ (S. 77, Z. 33f.) wurde, als auch bei den Umbauarbeiten, bei denen er „nicht müde“ wurde, „Sparsamkeit zu fordern und immer wieder zu betonen, daß er nach wie vor ein armer Mann sei“ (S. 79, Z. 14ff.).
Aber selbst diese exakte Planung bewahrt Abel nicht vor der Angst, das Verbrechen könnte aufgedeckt werden. Dies zeigt sich beim Abriß des Daches, währenddessen er „in augenscheinlicher Nervosität immer

zur Eile“ (S.79, Z.22) antrieb, setzt sich fort bei der Diskussion um die Tieferlegung des Kellers („Hradscheck, als Buggenhagen so sprach, hatte die Farbe gewechselt“ ‚S.80. Z.25f.) und erreicht den Höhepunkt, als Ede einen Knopf von Szulskis Rock findet („‚Da, Herr; das hab' ich eben unten gefunden.‘ Und damit schob er Hradscheck einen schwarzübersponnenen Knebelknopf zu. ‚Sind solche, wie der Polsche an seinem Rock hatte.‘“ S.82, Z.13ff.). Abels Verhalten ist eindeutig: „Hradscheck war kreideweiß geworden und stotterte“ (S.82, Z.17). Da aber nur „die zunächst sitzenden Offiziere“ seine „Erregung wahrgenommen hatten, aber nicht recht wußten, was sie daraus machen sollten“ (S.82, Z.25ff.) bleibt sein Verhalten ohne Folgen.

Abel erkennt allerdings sofort, was solche panischen Reaktionen für ihn bedeuten können: „Gut, daß es Fremde waren, und noch dazu solche, die bloß an Mädchen und Pferde denken. War's einer von uns hier, und wenn auch bloß der Ölgötze, der Quaas, so hatt' ich die ganze Geschichte wieder über den Hals“ (S.82, Z.33ff.). Für ihn kann es daher nur eine Forderung geben: „Aufpassen, Hradscheck, aufpassen ... Kalt Blut, oder es gibt ein Unglück“ (S.83, Z.1ff.).

Und wie auf ein Stichwort erscheint auch die geschwätzige Nachbarin Jeschke und gibt ihm die Gelegenheit, seine Kaltblütigkeit zu erproben. Nachdem sie – mehr offen als versteckt – wieder auf die merkwürdigen Vorgänge im Laufe der Mordnacht in Hradschecks Haus zu sprechen kommt, droht er ihr mit einer Verleumdungsklage. Vor solch scharfen Geschützen muß selbst Mutter Jeschke weichen. Erschrocken ob des ungewohnt schroffen Tones schreckt sie zusammen und erklärt das ganze zum Spaß („Se weeten doch, en beten Spoaß möt sinn.“ S.85, Z.1f.).

So ist – zumindest für eine gewisse Zeit – eine der schärfsten Widersacherinnen zum Schweigen gebracht, und Abel kann sich seines geschäftlichen Erfolges freuen („Der Laden war nie leer, die Kundschaft wuchs ...“, S.85, Z.11). Einzig die Sorge um seine Frau bedrückt ihn: „Ursel ... füllte ... seine Seele mit Mitleid und Sorge, mit Mitleid, weil er sie liebte (wenigstens auf seine Weise), mit Sorge, weil sie dann und wann ganz wunderliche Dinge redete“ (S.86, Z.5ff.).

Abels Umgang mit der Schuld wird besonders in der Todesstunde seiner Frau deutlich: Hier zeigt sich klar, daß es für ihn weder Gott noch Gewissen gibt: „Ich denke, leben ist leben, und tot ist tot. Und wir sind Erde, und Erde wird wieder Erde. Das andere haben sich die Pfaffen ausgedacht“ (S.92, Z.2ff.). Es wird deutlich, daß der Mord keinerlei Gewissensbisse bei Abel verursacht. Er wird vielmehr durch die Not der Stunde entschuldigt und hat sowohl für den Ermordeten als auch für die Mörder keine Konsequenzen, für die möglicherweise Gott oder eine andere übermenschliche Instanz verantwortlich zeichnen könnten. Es bereitet ihm daher auch keine Probleme, Ursel zu versprechen, ihren letzten Wunsch – die Bitte, Seelenmessen für den ermordeten Szulski lesen zu lassen (vergl. S.91, Z.20ff.) – zu erfüllen, um dies aber aus Angst vor Entdeckung dann doch nicht zu tun (vergl. S.97, Z.15ff. und S. 97, Z.31ff.).

Trotz aller Planung, aller Gewissenlosigkeit und trotz seines ansonsten kühlen Verstandes zeigt sich in dem Gespräch an Ursels Totenbett Hradschecks gespaltenes Verhältnis zum Überirdisch-Übersinnlichen. Zwar behauptet er, daß wir Erde sind „und Erde wird wieder Erde“ (S.92, Z.3), doch es bereitet ihm keine Schwierigkeiten zu glauben, daß die Toten am Jüngsten Tage wieder auferstehen (vergl. S.92, Z.8). Nun könnte diese Aussage auch als Beruhigung für Ursel in ihrer Todesstunde gedacht sein, daß Abels Aberglaube aber tief in ihm verwurzelt ist, zeigt sein heftiges Erschrecken, als seine Frau ihm prophezeit, daß manche Toten nicht so lange warten würden (vergl. S. 92, Z. 10ff.).

Das heftige Erschrecken und die Trauer um seine verstorbene Frau währen allerdings nicht sehr lange. Schon während „der zurückliegenden Wintermonate" (S. 101, Z. 35) hat Abel Hradscheck ein geselliges Leben geführt, und dieses führt er – unterbrochen durch eine knapp dreitägige Trauerphase nach der Errichtung des Grabkreuzes – wieder fort (vergl. S. 101, Z. 10ff.). Hradscheck besucht regelmäßig Frankfurt und Berlin, um sich „nach Erledigung seiner kaufmännischen Geschäfte, kein anderes Vergnügen als einen Theaterbesuch" (S. 102, Z. 3f.) zu gönnen. Möglicherweise gibt es doch noch andere Vergnügungen als nur Theaterbesuche, denn ungefähr ein Jahr nach dem Tode seiner Frau Ursel macht Hradscheck „die Bekanntschaft einer jungen Dame ..., die sich seiner Person wie seinen Heiratsplänen geneigt gezeigt hatte" (S. 105, Z. 8ff.). Auch die Tschechiner, die Hradscheck seit seinen Berlinbesuchen mit den neuesten Anekdoten versorgt, profitieren von seiner vergnüglichen Stimmung, da er von diesem Besuch „mit einem besonders großen Vorrat von Berliner Witzliteratur nach Tschechin zurückkehrte" (S. 106, Z. 6ff.).

Aber gerade in dem Augenblick, in dem Abel seine größten Triumphe feiert, trifft ihn der härteste Schlag: Die Dienerschaft weigert sich, aus dem Keller Wein zu holen. Die einmütige Begründung lautet: „Et spökt" (S. 108, Z. 27, S. 109, Z. 7). Hradscheck erkennt klar, „daß er kein Zeichen von Schwäche geben dürfe, vielmehr umgekehrt bemüht sein müsse, die Weigerung der beiden ins Komische zu ziehen" (S. 109, Z. 11ff.). Und so zieht er gemeinsam mit seinen Trinkkumpanen in den Keller und kann so die Situation vorläufig meistern.

Mit sich selbst ist Abel allerdings noch nicht im reinen. Nur durch den übermäßigen Alkoholgenuß gelingt es ihm, ruhig zu schlafen. Als er am nächsten Morgen spazieren geht, fällt ihm „wie von ungefähr ein, was ihm Mutter Jeschke vor Jahr und Tag einmal über Farnkrautsamen und Sich-unsichtbar-Machen gesagt hatte" (S. 110, Z. 30ff.). Der ständig in ihm schlummernde Aberglaube wird wieder wach und durch ein Gespräch mit Mutter Jeschke noch verstärkt. Mit ihren gezielten Andeutungen und der Bemerkung „Joa, de Franzos ... He moak woll en beten rutscht sinn" (S. 112, Z. 4 f.) treibt sie seine Unsicherheit auf den Gipfel.

Alle diese Vorfälle, besonders aber das Gespräch mit Mutter Jeschke, bleiben bei Abel Hradscheck nicht ohne Wirkung: „Das geht so nicht weiter. Er muß weg." (S. 113, Z. 33). „Er sah deutlich die ganze Geschichte wieder lebendig werden, und ein Schwindel ergriff ihn, wenn er an all das dachte, was bei diesem Stande der Dinge jeder Tag bringen konnte" (S. 113, Z. 29ff.). Die Angst vor der Entdeckung des Mordes wird übermächtig und Hradscheck beschließt, den toten Szulski in die Oder zu werfen (vergl. S. 114, Z. 3ff.). Im Gegensatz zu der wohlüberlegten ersten Tat wird diese Folgehandlung Hals über Kopf ausgeführt, zwar nicht gänzlich ohne Überlegung (vergl. S. 118; Z. 24ff.), aber doch ohne vernünftige Planung. An Stelle der Vernunft tritt der Aberglaube, der Abel dazu treibt, einen riesigen Farnkrautbusch (vergl. S. 114, Z. 26) aus dem Gusower Park zu holen. In seiner Angst klammert sich Abel an Mutter Jeschkes Aussage, Farnkrautsamen mache unsichtbar. Immerhin ist Abel noch so klug, seine angebliche Unsicht-

barkeit zu überprüfen und festzustellen, daß alles Schwindel ist. Mit dieser Erkenntnis meldet sich auch kurzzeitig sein Gewissen: „Ein Gruseln überlief ihn, denn das Furchtbare, was er vorhatte, stand mit einem Male wieder vor seiner Seele" (S. 118, Z. 20f.). Aber dieses Gefühl ist nur von sehr kurzer Dauer, denn er bezwingt sich rasch und spricht sich selbst Mut zu: „Eins kommt aus dem andern. Wer A sagt, muß B sagen." (S. 118, Z. 22f.).
Und so steigt er in den Keller, schließt die Falltür und besiegelt damit selbst seinen Tod.

Zusammenfassend läßt sich festhalten: Alle Handlungen Abel Hradschecks im Zusammenhang mit dem Verbrechen sind durch seinen Egoismus motiviert. Um dem drohenden Bankrott und der Armut und damit der gesellschaftlichen Schmach zu entgehen, ist ihm jedes Mittel, auch ein Mord, recht. Sein Leben nach dem Verbrechen ist nur bestimmt durch die Angst vor der Entdeckung der Tat und den gesellschaftlichen Folgen, keineswegs durch moralische Bedenken oder Anklagen des Gewissens. So ist auch der Tod seiner Frau nach einer kurzen Trauerphase für ihn eher eine Erleichterung. Allerdings treibt ihn die Angst vor der Entdeckung in die Fänge des Aberglaubens, was ihm letztendlich den Tod bringt.
Der Tod Abel Hradschecks läßt sicher mehrere Interpretationsmöglichkeiten offen: Sie können reichen von einer reinen Zufallstheorie, die keinerlei Zusammenhänge zwischen Abels und Szulskis Tod sieht, bis zur Gottestheorie, die den Tod Abels als Strafe für sein Verbrechen und seine Gewissenlosigkeit interpretiert. Es gilt, in der Klasse alle Möglichkeiten zu besprechen und auf ihre Vereinbarkeit mit dem Text und ihre Schlüssigkeit zu prüfen. Dies muß das einzige Kriterium für die Richtigkeit der Interpretation sein. Den Schülern eine Interpretation vorzuschreiben, ist sicher nicht der richtige Weg.

Die Verarbeitung der Schuld bei Ursel

Wie bereits erwähnt, stimmt das Motiv für das Verbrechen bei Ursel und Abel Hradscheck überein. Beide fürchten um ihren gesellschaftlichen Rang, wobei Ursel ihrer Angst deutliche Worte verleiht: „... nur nicht arm. Armut ist das Schlimmste, schlimmer als Tod, schlimmer als ..." (S. 21, Z. 19f.). Diese Aussage erweist sich allerdings nur als Lippenbekenntnis, denn Abel braucht all seine Überredungskünste, um sie zur Teilnahme am Verbrechen zu gewinnen. Neben ihrer Befürchtung, daß die Tat entdeckt werden könne, sind es in erster Linie ihr Gewissen und ihre Religiosität, die ihr die Mittäterschaft beinahe unmöglich machen. Es siegen allerdings schließlich doch Abels Überredungskünste und ihre Angst vor einer Blamage. Wie schwer das Verbrechen ihr Gewissen belastet, zeigt sich bereits vor der Tat, denn „sie ging in ihr Schlafzimmer, sah in den Garten und überschlug ihr Leben. Dabei murmelte sie halb unverständliche Worte vor sich hin und schien, den Bewegungen ihrer Hand nach, einen Rosenkranz abzubeten" (S. 29, Z. 27). Ursel Hradscheck ist nicht in der Lage, mit derselben Gewissenlosigkeit vorzugehen wie ihr Mann. Und so ist es nicht verwunderlich, daß Ursel Hradscheck den Mord nicht verkraften kann und ihre seelischen Qualen sich in ausgeprägten körperlichen Symptomen zeigen: Die Dorfbewohner klatschen über ihr ruheloses Umhergehen im Haus und eine andauernde Schlaflosigkeit (vergl. S. 63, Z. 6ff.). Ein Zusammentreffen mit ihrem Mann während seiner Verhaftung lehnt sie ab (vergl. S. 59, Z. 5ff. und S. 67, Z. 8). Als dieser aus der

Haft entlassen zu ihr zurückkommt, ist er entsetzt über Ursels Zustand: „Denn gealtert, die Augen tief eingesunken und die Haut wie Pergament, so war ihm Ursel unter der Tür entgegengetreten“ (S. 73, Z. 5 ff.). Entsprechend ihrer Einstellung ist es nur folgerichtig, daß Ursel Trost im Glauben sucht. Sie folgt in den Sonntagsgottesdiensten „begierig ... jedem Wort, das von der Kanzel her laut wurde“ (S. 86, Z. 14 f.), und hofft auf Vergebung. Sie wird allerdings von Eccelius bitter enttäuscht, denn „Seelsorge war nicht seine starke Seite“ (S. 86, Z. 20 f.). Ursels Versuche, dem Pastor ihre Schuld anzudeuten, scheitern, und ihr Wunsch „etwas von Befreiung oder Erlösung zu hören“ (S. 86, Z. 19 f.), wird nicht erfüllt. „Das Wort aber, auf das sie wartete, das kam nicht“ (S. 86, Z. 15 f.). Eccelius fertigt sie mit routinemäßigen Sprüchen ab und ist nicht willens und in der Lage, ihre Nöte zu begreifen.

Ursel Hradscheck muß ihre einzige Hoffnung auf Linderung oder sogar Vergebung der Schuld aufgeben. Der Vertreter der Religion hat sie nicht verstanden. Daher ist es klar, daß ihr gesundheitlicher Zustand immer schlechter wird: „Um Johanni wußte ganz Tschechin, daß die Hradscheck es nicht mehr lange machen werde“ (S. 87, Z. 11 f.). Sie leidet an Herzkrämpfen, vereinsamt mehr und mehr und nimmt sonderliche Gewohnheiten an. Insbesondere wird sie „sparsam bis zum Geiz“ (S. 87, Z. 21), ein Verhalten, das für sie äußerst ungewöhnlich ist. Hinzu kommt noch, daß sie zunehmend Furcht vor ihrem Mann empfindet: „Wenn er nur nicht so glatt und glau wär’. Er ist so munter und spricht so viel und kann alles. Ihn ficht nichts an ...“ (S. 88, Z. 12 ff.). Diese Stimmungen waren zwar „flüchtig und vergingen wieder“ (S. 88, Z. 16), „kamen ihr von Zeit zu Zeit“ (S. 88, Z. 15 f.) aber immer wieder.

Trotz all dieser Hemmnisse besorgte Ursel ihre Wirtschaft pünktlich „und alles ging wie am Schnürchen wie vordem“ (S. 87, Z. 32 f.). Nach ihrer Enttäuschung durch Eccelius setzt sie nun ihre Hoffnungen in den Umbau und glaubt, in den neuen Räumen wieder Schlaf und damit Gesundheit zu finden (vergl. S. 87, Z. 33 ff.). Und tatsächlich wird diese Hoffnung erfüllt. Mit dem Einzug in die neue Stube bessert sich Ursels Gesundheitszustand so sehr, „daß sie gelegentlich die Wirtin machen und mit den Offizieren plaudern konnte“ (S. 89, Z. 20 f.). Diese Besserung ist allerdings nur von kurzer Dauer und wenige Wochen später ist Ursels Zustand hoffnungslos.

In einem letzten Gespräch vor ihrem Tod versucht sie, ihr Gewissen zu erleichtern. Sie bittet Abel um die Bestellung von Seelenmessen für den ermordeten Szulski. In diesem Moment erklärt sich auch ihr angeblicher Geiz. Sie hatte das Geld im vergangenen halben Jahr nur zu diesem Zwecke gespart. Sie hofft, durch diese Seelenmessen dem toten Szulski – und sicher auch sich selbst – Ruhe in der Ewigkeit zu verschaffen. In ihrer letzten Stunde wird Ursels Religiosität nochmals deutlich: Sie kehrt zu ihrem alten katholischen Glauben zurück und hofft, durch ihre Taten vor Gott Verzeihung zu erlangen. Abel bringt dieser Haltung wenig Verständnis entgegen. Seine Theorie: „Erde wird wieder Erde“ (S. 92, Z. 3) bringt Ursel keinen Trost. Ursel stirbt im Glauben, daß ihr Mann ihren letzten Willen erfüllen werde.

Zusammenfassend kann man festhalten: Getrieben durch Abel und ihre Angst vor Armut willigt Ursel in eine Tat ein, die sie schon im voraus bereut. Im Gegensatz zu ihrem gewissenlosen Mann, dem eine solche Situation fremd ist, kann sie die zwei entscheidenden Wertesysteme ihres Lebens – Religion und Gesellschaft – nicht in Einklang bringen. Sie scheitert, da sie durch die ausweglose Situation, in der sie lebt, gegen einen dieser Werte verstoßen muß. Sie wählt dabei den vermeintlich leichtern Weg, muß aber erkennen, daß ihr Gewissen und ihre Religiosität diese Lösung nicht akzeptieren. Dies drückt sich in schweren körperlichen Gebrechen aus, die letztlich zum Tod führen.

Methodisches Vorgehen

Phase 1

Die erste Phase verfolgt ein doppeltes Ziel, indem zunächst auf das Ende der vergangenen Stunde zurückgegriffen und damit die Verbindung der Stunden untereinander deutlich wird. Es wird noch einmal klar, daß Abel Hradschecks Plan so perfekt war, daß ihm der Mord nicht nachgewiesen werden konnte. Nun wäre es eigentlich logisch, die Geschichte hier enden zu lassen, und die Unfähigkeit der Justiz bzw. die Fähigkeit des Verbrechers festzustellen. Es ergibt sich also automatisch die Frage: Warum endet die Geschichte hier nicht? Die Schüler werden sicher erkennen, daß es Ursel unmöglich ist, die Schuld zu verarbeiten. Auch Abels Schwierigkeiten nach der Tat müssen hier benannt werden.
Daran anschließend wird nochmals das gemeinsame Motiv des Ehepaares aufgearbeitet, aber bereits hier muß deutlich festgehalten werden, daß dieses Motiv unterschiedliche Folgen hat. Für Abel rechtfertigt es den Mord, für Ursel bedeutet es einen unausweichlichen Konflikt.

Phasen 2 und 3

Es erfolgt nun die Erarbeitung des Tafelanschriebes. Als Ausgangspunkt dient jeweils die Frage: Wie verarbeitet Abel (bzw. Ursel) die Tat und die damit verbundene Schuld? Aufgabe der Schüler soll es sein, diese Frage mit Hilfe des Textes zu beantworten.

Phase 4

Nachdem die unterschiedlichen Phasen der Schuldverarbeitung des Ehepaares an der Tafel festgehalten wurden, wird in einer Abschlußdiskussion die unterschiedliche Art der Schuldverarbeitung besprochen und der Tod Ursels und Abels interpretiert. Bei Ursel Hradscheck erscheint dies relativ klar: Sie kann ihre unterschiedlichen Wertvorstellungen nicht in Einklang bringen, dieses psychische Problem wird zu einem physischen. Körper und Geist sind nicht in der Lage, den Konflikt zu ertragen, und sie stirbt.
Wie bereits erwähnt, ist die Interpretation von Abels Tod wesentlich vielschichtiger zu sehen. Unterschiedliche Schülermeinungen sollten, solange sie stimmig und mit dem Text zu vereinbaren sind, akzeptiert werden.

Hausaufgabe

Als Vorbereitung auf die nächste Stunde, die sich mit den unterschiedlichen Gruppen in Tschechin befaßt, sollen die Schüler die verschiedenen Gruppen und deren Mitglieder in ihrer Klasse benennen.

8. Stunde: Die dörfliche Gemeinschaft

Vorbemerkungen

Daß das Leben der Menschen nicht nur eigen-, sondern im hohen Maße fremdbestimmt ist, bedarf sicher keiner Diskussion. Möglicherweise sehen Schüler im Alter von 15 bis 17 Jahren dies nicht so, wenn sie allerdings ihr Verhalten näher betrachten, finden sie sicher einige Punkte, die diese Meinung bestätigen. Dabei geht es keineswegs um eine Beeinflussung durch Eltern oder Lehrer, sondern vielmehr um den Druck, den die „peergroup" ausübt. Allein der Hinweis auf die Art der Kleidung macht deutlich, daß man bestimmte Kleidungsstücke tragen muß, um „in" zu sein. Auch das bewußte Tragen anderer Kleider zeigt, daß der Träger sich bewußt von dieser Gruppe abgrenzen will und damit auch fremdbestimmt wird.

Die Stunde soll zeigen, welche Gruppe(n) in „Unterm Birnbaum" die Maßstäbe setzt (setzen) und warum man sich diesen Maßstäben unterwirft. Darüber hinaus können die Schüler auch über ihre persönlichen Zwänge nachdenken und diskutieren, ob und wie sie sich diesen Zwängen entziehen können.

Sachanalyse

Die Spitze der Hierarchie im Dorf nimmt Pfarrer Eccelius ein. Ihm gleichzusetzen ist sein Freund Vowinkel, der zwar nicht zu den Bewohnern des Dorfes gehört, aber durch seine relativ häufige Anwesenheit in Tschechin im Zusammenhang mit den Nachforschungen den Dorfbewohnern bekannt wird. Begründet wird ihre Stellung durch ihren Beruf, der eine gewisse Bildung voraussetzt, und die vom Amt gegebene Autorität. Diese Amtsautorität von Pfarrer Eccelius beeindruckt die Tschechiner, „die sämtlich höchst unfromm waren" (S. 59, Z. 21), aber meist nur wenig. Man respektierte zwar den Pastor, der sonntägliche Kirchgang und die Teilnahme an den Kirchengemeinderatssitzungen gehörten offensichtlich zur Tradition, ansonsten ließen die Bauern den lieben Gott bzw. seinen Vertreter auf Erden aber einen guten Mann sein. So gelingt es Eccelius auch nur selten, die Gottesdienstbesucher mit seinen Predigten zu fesseln (vergl. S. 73, Z. 21 f.: „... es ging nun ins fünfte Jahr ..."). Einer dieser Höhepunkte ist die „Rechtfertigungsrede" (S. 73, Z. 29). Aber auch diese ändert am Ansehen der farblosen Persönlichkeit des Pastors nichts, es bleibt ohne Schwankungen auf dem durch das Amt gegebenen hohen Niveau.

Das Ansehen von Justizrat Vowinkel gerät nur einmal ins Wanken: Als es der Justiz nicht gelingt, die Schuld Abel Hradschecks zu beweisen. Während dieser Zeit gibt es „Tadel und Schmähen" (S. 58, Z. 1 f.), und „Vowinkcl" hat „viel zu dulden" (S. 58, Z. 3). Nach Hradschecks Entlassung spielt der Justizrat im Denken der Tschechiner allerdings keinerlei Rolle mehr.

Die Macht im Dorfe Tschechin liegt in den Händen der Bauern. Sie sind es, die die Geschicke des Dorfes lenken und die öffentliche Meinung entscheidend mitbestimmen. Grundlage dieses Ansehens ist der Bodenbesitz und das damit verbundene Vermögen. All dies ist von Generation zu Generation weitergegeben worden und entsprechend festgefügt, ohne Schwankungen stehen die Bauern in der Hierarchie des Dorfes. Einfache Menschen scheinen sie allerdings nicht zu sein, Hradscheck bezeichnet sie als „die schwierigsten Leute von der Welt" (S. 71, Z. 32 f.). Daß sie sich ihrer Bedeutung wohl bewußt sind und diese wohl auch im Zweifelsfalle herauszustellen wissen, belegt die Sitzordnung in der Kutsche bei der Fahrt zur Unglücksstelle: „Hradscheck saß vorn neben dem Kutscher, Kunicke neben dem Schulzen. Das war so Regel und Ordnung, denn ein Bauerngut geht vor Gasthaus und Kramladen" (S. 46, Z. 16 ff.).

Auch Ursel Hradscheck spürt diese Überlegenheit der alteingesessenen Bauern und versucht daher mit ihrer Wohnungseinrichtung und ihrem vornehmen Verhalten dagegen anzukämpfen, ohne daß ihr dies gelingt (vgl. S. 18ff.). Abel sieht die Sachlage ebenso wie seine Frau, versucht allerdings, sich mit den Bauern zu verbünden. Nach dem Tod seiner Frau und seinen Besuchen in Berlin, von denen er immer Interessantes für die Bauern mitbringt, gelingt es ihm fast, die gleiche Stufe wie sie zu erreichen. Bei den gemeinsamen Trinkgelagen zollt man ihm Beifall (S. 103, Z. 5; S. 117, Z. 20) und nimmt ihn fast in den Kreis des Dorfadels auf.

Gendarm Geelhaar steht zu Beginn der Novelle im Ansehen der Bevölkerung sicherlich über den Hradschecks. Dies ist zunächst darauf zurückzuführen, daß in solch festgefügten Gemeinschaften wie Tschechin grundsätzlich der Einheimische mehr gilt als der Zugezogene. Unterstützt wird dies noch durch das überhebliche Verhalten von Ursel Hradscheck. Außerdem ist Geelhaar „eine sehr wichtige Person im Dorf, auf deren Autorität hin die Mehrheit sofort geschworen hätte" (S. 59, Z. 33f.). Allerdings ändert sich diese Sachlage. Einerseits schwankt natürlich das Ansehen der Hradschecks, andererseits macht sich auch Geelhaar bei den Dorfbewohnern keine Freunde. Zunächst einmal ist er „ein Unerschütterlicher", „der, sobald Hradschecks Unschuld behauptet wurde, regelmäßig versicherte: ‚Hradschek? Den kenn' ich. Der muß ans Messer'" (S. 59, Z. 28ff.). Aber es weiß jeder im Dorf, daß sich diese Unerschütterlichkeit nur auf die persönliche Feindschaft zwischen Geelhaar und Hradscheck zurückführen läßt (S. 59, Z. 32ff.). Und somit muß Geelhaar damit leben, daß man ihn auslacht (vergl. S. 60, Z. 15ff.). Noch tiefer sinkt sein Ansehen natürlich nach der „Rechtfertigungsrede" (S. 73, Z. 29) von Pfarrer Eccelius. Um so größer ist sein Triumph am Ende der Novelle, als deutlich wird, daß er recht hatte. Er spaziert im Hradscheckschen Grundstück „auf und ab, als ob nun alles sein wäre" (S. 123, Z. 27f.). Auch die Frage nach Line verdeutlicht (vergl. S. 123, Z. 35), daß sein Selbstbewußtsein wesentlich gewachsen ist.

Auf den untersten Stufen der Dorfhierarchie stehen die Dienstboten und Mutter Jeschke. Dies zeigt sich bereits sprachlich, da sie die einzigen sind, die Dialekt sprechen.

Die Dienstboten können nur einmal das Interesse aller auf sich lenken: Bei ihrer Aussage vor Justizrat Vowinkel. Dies verleiht ihnen für kurze Zeit eine gewisse Bedeutung im Dorf (vergl. S. 54, Z. 5ff.). Daß sie dabei – außer Male – keine gute Figur abgeben, sei nur nebenbei erwähnt. Da sich die Verhaftung Hradschecks in erster Linie auf diese Zeugenaussagen stützt, ist es nicht verwunderlich, daß sich die Volksmeinung nach ihrem Umschwung gegen sie wendet (vergl. S. 58, Z. 3ff.). Wie wenig ernst man die Dienstboten nimmt, ergibt sich aus den Kommentaren zu ihren Zeugenaussagen: „Der dumme Ladenjunge, der Ede, ... könne doch nicht für voll angesehn werden und die Male ... noch weniger" (S. 58, Z. 7ff.). Man lacht über sie, und sie sind den Schmähungen der Dorfbewohner ausgesetzt.

Mutter Jeschkes Stellung im Dorf ist schwierig zu erfassen. Hradschecks zwiespältige Einschätzung seiner Nachbarin wird sicher in dieser oder ähnlicher Weise von der Dorfbevölkerung geteilt: Einerseits respektiert, ja fürchtet er sie, da sie Blut bespricht und weiß, „wer sterben würde" (S. 13, Z. 7f.). Außerdem heißt es „auch, ‚sie wisse, wie man sich unsichtbar machen könne'" (S. 13, Z. 9f.). Hier zeigt sich deutlich der Hang zum Aber-

glaube, dem sicherlich nicht nur Abel Hradscheck erliegt. Andererseits muß die Vernunft zu anderen Schlüssen kommen: „Ein dummes altes Weib, das gerade klug genug ist, noch Dümmere hinters Licht zu führen“ (S. 15, Z. 10f.). So gibt es eine offizielle, vernünftige Einschätzung von Mutter Jeschke als „richtige alte Hexe“ (S. 75, Z. 5), die sie auf die unterste Stufe der Dorfhierarchie bringt, und eine inoffizielle, nicht offen geäußerte Meinung, die Mutter Jeschke ein hohes Maß an Respekt zollt. Eines muß man ihr sicher zugestehen, sie besitzt außerordentlich gute Menschenkenntnis: So gelingt es ihr immer wieder, Abel Hradscheck zu verunsichern (vergl. S. 13, Z. 3ff., S. 14, Z. 32ff., S. 113, Z. 19ff.), sie schätzt Gendarm Geelhaar richtig ein (vergl. S. 61, Z. 33ff.), und sie bringt Ede durch ihre Andeutungen über den Spuk (S. 104, Z. 18ff.) dazu, nicht mehr in den Keller zu gehen. Hierdurch fühlt sich Hradscheck gezwungen, Szulskis Leiche auszugraben.
Kehren wir zurück zur Stellung Mutter Jeschkes in der Dorfhierarchie, so muß hier die offizielle Meinung berücksichtigt werden, die sie als Hexe und Quacksalberin auf die unterste Stufe stellt. Ihr Ansehen sinkt noch mehr, als Eccelius sie mit seiner Rechtfertigungsrede vor der gesamten Dorfbevölkerung bloßstellt. Während der Predigt selbst bleibt sie zwar ruhig und unbefangen (vergl. S. 74, Z. 11 ff.), aber die Blicke der Dorfbewohner und das Spießrutenlaufen auf dem Nachhauseweg sowie der Respekt vor Eccelius bleiben nicht ohne Wirkung. Sie beginnt, „sich einigermaßen zweifelvoll gegen ihren eigenen Argwohn zu stellen“ (S. 75, Z. 2f.). Trotzdem kann sie nicht verhindern, daß ihr Ansehen noch tiefer sinkt. Erst die Entdeckung des Mordes verbessert ihre Stellung in der Dorfgemeinschaft. Mögliche Zweifler an ihrer Fähigkeit des Hellsehens sind bekehrt, und der Abschlußdialog mit Geelhaar wirkt wie ein Triumph (vergl. S. 123, Z. 31 ff.).

Methodisches Vorgehen

Phase 1

In der Hausaufgabe haben die Schüler die Gruppen festgehalten, die in der Klasse bestehen. Es soll nun geklärt werden, warum diese Gruppen entstanden sind, wo die gemeinsame Basis für die jeweilige Gruppenmitgliedschaft liegt. Bei den Schülern wird dies wohl in erster Linie mindestens ein gemeinsames Interesse sein, das alle Mitglieder der Gruppe teilen (z. B.: Sport, Musik, Computer usw.).
Ist der Deutschlehrer gleichzeitig Klassenlehrer, wäre hier eine Möglichkeit, das soziale Gefüge der Klasse grundsätzlich zu diskutieren. Dies sollte allerdings mit größter Vorsicht geschehen und kann in unserem Rahmen nur kurz erwähnt werden.

Phase 2

In einem kurzen Referat (Thema 4, vergl. S. 9) wird der Lageplan des Dorfes Tschechin mit Hilfe einer Overheadfolie von einem Schüler erläutert. Neben dem Text kann hierzu als Grundlage die Skizze des Dorfes Letschin dienen (Arbeitsblatt 9).

Phase 3

Nun sollen die Schüler zunächst die unterschiedlichen Gruppen von Dorfbewohnern benennen und die Häuser der zusammengehörigen Gruppen mit derselben Farbe einkreisen. Danach soll auch hier geklärt werden, welches die gemeinsame Basis dieser Gruppen ist.

Als Ergebnis werden die Schüler folgende Gruppen herausarbeiten:

- die Gruppe der Akademiker (Eccelius, Vowinkel),
- die Gruppe der Bauern (Kunicke, Mietzel und Ölmüller Quaas),
- Gendarm Geelhaar,
- die Gruppe der Dienstboten (Male, Ede, Jakob),
- Mutter Jeschke.

Im Gegensatz zu ihren eigenen Gruppen, die sich aufgrund persönlicher Neigung und gleichen Interessen gebildet haben, bilden sich die Gruppen in der Lektüre durch die Zugehörigkeit zu einer sozialen Schicht, die sich in erster Linie durch den Beruf und das damit verbundene gesellschaftliche Ansehen ergibt. Die Gemeinschaften in „Unterm Birnbaum" sind im Gegensatz zu den Schülergruppen geschlossen. Für ein neues Mitglied ist es fast unmöglich, in eine dieser Gruppen aufgenommen zu werden.

Phase 4

In dieser Phase sollen die Schüler in Partner- bzw. Gruppenarbeit die Bedeutung und Entwicklung einer dieser Gruppen im Verlaufe der Handlung bestimmen. Als Ausgangspunkt dienen Overheadfolien des Arbeitsblattes 10, in dem die Ansehenskurve der Hradschecks, wie sie in der dritten Unterrichtsstunde festgehalten wurde, bereits eingetragen ist. Von der Bedeutung der Hradschecks ausgehend, sollen die Schüler die von ihnen zu behandelnde gesellschaftliche Gruppe mit farbigen Folienstiften eintragen. Sie werden dabei feststellen, daß auch deren Ansehen Schwankungen unterliegt und daher nicht geradlinig gezeichnet werden kann. In der anschließenden gemeinsamen Diskussion werden die Folien mit den in unterschiedlichen Farben eingetragenen Ansehenskurven mit Hilfe der Overlay-Technik an die Wand projiziert und besprochen. Ein Lösungsvorschlag findet sich auf dem Arbeitsblatt 11.

Klassenarbeit

Vorbemerkungen

Das Thema der Klassenarbeit „Unterm Birnbaum" bietet den Schülern vielfältige Gestaltungsmöglichkeiten. Daher ist die Erstellung eines Punkteschemas wie bei „Der Richter und sein Henker" (vergl. S. 66–75) nicht sinnvoll.
Der Schwerpunkt der Arbeit liegt im kreativen Schreiben. Die Schüler sollen den Dialog gestalten, in dem Abel Hradscheck seine Frau überredet, beim Mord an Szulski mitzuwirken. Sie müssen also die Situation erkennen, in der sich die Hradschecks befinden, und in ein Gespräch umsetzen. Der Verlauf des Dialoges wird im Text angedeutet (vergl. S. 21, Z. 24), der Schüler muß diese Andeutungen erkennen und mit Inhalt füllen.

Eine Kopiervorlage für die Aufgabenstellung finden Sie auf S. 38.

Die Arbeitszeit beträgt 90 bis 120 Min.

Erwartungshorizont

Das Gespräch muß folgendermaßen gegliedert sein:

1. Plauderei Ursels, Schweigen Abels.
2. Abel unterbricht Ursels Rede und legt seinen Plan dar. Ursel hat Einwände.
3. Entschiedener Widerspruch Ursels.
4. Abel überredet Ursel.
5. Zustimmung Ursels.

Zu Beginn des Gespräches ist Ursel unbefangen und unbeschwert. Die vorher geführte erste Unterhaltung scheint vergessen, auch Abels Andeutung („aber komm in den Garten! Die Wände hier haben Ohren.“ S. 21, Z. 22f.) kann sie nicht beunruhigen. Sie schmiegt sich „wie zärtlich“ (S. 21, Z. 25) an seinen Arm und plaudert. Demnach muß hier ein unverfängliches Gespräch über z. B. das Wetter oder den Zustand des Gartens beschrieben werden, das ab und zu mit neckischen oder zärtlichen Worten unterbrochen wird. Abel wird zu allen diesen Oberflächlichkeiten schweigen und höchstens ein Kopfnicken oder ein „Ja, ja“ beitragen, ein Verhalten, das Ursel gar nicht bemerkt. „Mit einem Male“ (S. 21, Z. 27f.) bleibt er stehen und unterbricht sie. Er beginnt, zunächst zögernd und stotternd vom Fund der Leiche zu berichten. Im Laufe der Erzählung wird er immer sicherer und schließt an den Bericht über den Fund die Darstellung seines Planes an. Ursel wird ihn höchstens mit kurzen Einwänden unterbrechen, die er übergeht. In diesem Teil des Dialoges ist es wichtig, daß Abel erklärt, wie einfach, problemlos und sicher sein Plan ist. Nachdem Abel seine Vorstellungen dargelegt hat, entgegnet Ursel: „Es geht nicht. Schlag es dir aus dem Sinn. Es ist nichts so fein gesponnen ... (S. 21, Z. 33ff.). Abel wird nochmals darauf hinweisen, wie sicher sein Plan ist. Als auch dies nichts nutzt, verdeutlicht er seiner Frau, welch schlimmes Schicksal sie beide erwartet, wenn sie seinem Plan nicht folgt. Er erinnert sie an ihre Vergangenheit und den Satz: „Armut ist das schlimmste ...“ (S. 21, Z. 19ff.).

Dieser Punkt überzeugt Ursel zwar immer noch nicht, sie erklärt sich aber schließlich mit Abels Plan einverstanden.

Eine Schülerarbeit kann mit ausreichend bewertet werden, wenn das Gespräch richtig gegliedert ist (s. o.) und Abels Plan korrekt dargelegt wird. Die Arbeit muß hierbei auch bestimmten formalen Anforderungen genügen. Je mehr es den Schülern gelingt zu zeigen, wie Abel den Widerstand seiner Frau bricht (Schmeichelei, Hinweis auf den sicheren Plan, Darlegung der Folgen), um so besser muß die Arbeit bewertet werden. Dies gilt ebenso für das Verhalten Ursels. Zu bedenken ist hierbei immer, daß von den Schülern in einer 90- bis 120minütigen Klassenarbeit auch nicht annäherungsweise die erzählerische Meisterschaft eines Theodor Fontane erreicht werden kann.

Klassenarbeit Nr. _______ in Deutsch

Name: ______________________ **Klasse:** _____ **Datum:** ______________________

Nach einem langen Gespräch, in dem sich die Hradschecks gegenseitige Vorwürfe machen, kommen sie am Ende doch zu einer Einigung (S. 21, Z. 21). Das Ehepaar geht in den Garten und setzt dort die Unterredung fort (S. 21, Z. 24ff.).

Stelle dir vor, der Roman „Unterm Birnbaum“ wird verfilmt, und du sollst für das Drehbuch diesen Dialog der Hradschecks im Garten schreiben. Bedenke dabei, daß die Fortführung des Gespräches eine zentrale Rolle in der weiteren Abfolge des Filmes einnimmt.

Friedrich Dürrenmatt: „Der Richter und sein Henker“

Überlegungen zur Unterrichtseinheit „Der Richter und sein Henker“

Die Unterrichtseinheit Friedrich Dürrenmatt „Der Richter und sein Henker“ umfaßt sieben Stunden, wobei je nach Leistungsstärke der Klasse ein unterschiedliches methodisches Vorgehen denkbar ist. Die in den Stundenblättern geplante Abfolge entspricht der klassischen Vorgehensweise: Zunächst erfolgt die Inhaltssicherung, auf dieser baut die Interpretation einzelner thematischer Schwerpunkte auf.

Das Ziel bei der Besprechung des Inhaltes muß die eindeutige Beschreibung des Ablaufes des Verbrechens sein. Für die Schüler dürfen keine Zweifel über Täter, Tathergang und Motiv bestehen. Sollte dies der Fall sein, kann mit der Interpretation begonnen werden. Sicher wird es nicht in jeder Klasse notwendig sein, den inhaltlichen Aspekt in dieser Ausführlichkeit zu behandeln. Daher bietet sich als Alternative die Vorgehensweise entsprechend der Methodik-Pyramide an.

Die Methodik-Pyramide der Unterrichtseinheit „Der Richter und sein Henker“

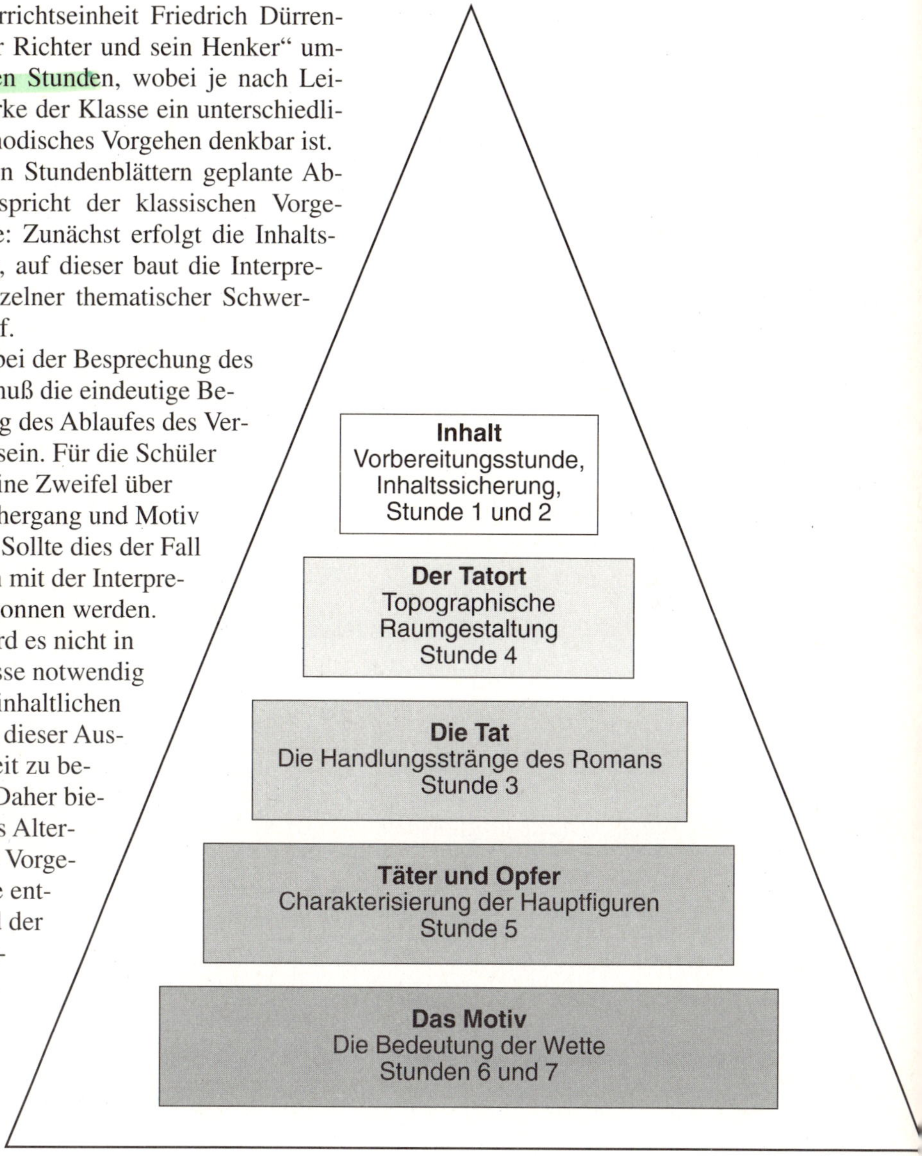

Ihr liegt als Grundgedanke der methodische Ansatz vom Leichten zum Schweren zu Grunde.
Dies bedeutet, daß eine Variation der Einheit – je nach Leistungsstand der Klasse und Schwerpunktsetzung des Lehrers – möglich ist, indem einzelne Stunden gestrichen werden, um andere Themen ausführlicher zu behandeln.
Hierbei erfolgen die Streichungen innerhalb der Pyramide von *oben* nach *unten*.
Auf die drei Basisbausteine der Pyramide sollte dabei aber keinesfalls verzichtet werden.

Vorbereitungsstunde: Beispielhaftes Ausfüllen des Lesezettels

Vorbemerkungen

Diese Stunde sollte insbesondere in schwächeren Klassen gehalten werden, die Probleme beim Erfassen des Inhaltes längerer Texte haben. Sie dient dazu, den Schülern einen ersten Einblick in die Lektüre zu geben. Sie soll zudem helfen, Fragen zu klären, und das Verstehen des Inhaltes vorbereiten. Zusätzlich werden Referate verteilt, deren inhaltliche und formale Gestaltung besprochen, und die Vortragstermine festgehalten. Zeitlich ist diese Stunde ca. 14 Tage vor der Behandlung der Lektüre im Unterricht zu planen.

Methodisches Vorgehen

Phase 1 und 2

Falls die Erzählung in einer Sammelbestellung erworben wurde, wird sie zunächst ausgeteilt. Zusätzlich zur Lektüre erhält jeder Schüler mehrere Kopien des Lesezettels zu Friedrich Dürrenmatts „Der Richter und sein Henker“ (vergl. Arbeitsblatt 12). Gemeinsam lesen die Schüler das erste Kapitel von „Der Richter und sein Henker“. Danach wird im Unterrichtsgespräch festgehalten, welche Personen im ersten Kapitel dominieren, an welchem Ort und zu welchem Zeitpunkt die Handlung spielt. Die Schüler sollen danach in Stillarbeit den Inhalt des Kapitels in einem Satz zusammenfassen und eine passende Überschrift für dieses Kapitel finden. Eventuell auftretende Unklarheiten können hier besprochen werden, falls sie nicht bereits bei der Lektüre zur Sprache kamen.
Für den Lehrer empfiehlt es sich, die vorgegebenen Lesezettel auf Folie zu kopieren und mit Hilfe des Overheadprojektors an die Wand zu projizieren. Diese Folien werden auch in der nächsten Stunde zur Anwendung kommen (Arbeitsblatt 13).

Phase 3

Nach Beendigung dieser Phase werden die Referatsthemen und -termine an die Schüler verteilt. Hierbei sollten für den Vortrag folgende Festlegungen getroffen werden:
– Mindestens drei Unterrichtsstunden vor dem Referatsvortrag erhält der Lehrer ein vollständig ausgearbeitetes Exemplar des Referates.
– Der Schüler fertigt eine Wandzeitung an (z.B. auf die Rückseite einer alten Tapete), auf der die wesentlichen Fakten festgehalten werden. Diese Fakten übernehmen die Mitschüler in ihr Heft. Die Wandzeitung wird im Klassenzimmer aufgehängt und bleibt während der Behandlung von „Der Richter und sein Henker“ hängen.
– Zum Vortrag selbst benutzt der Redner nur einen Stichwortzettel (z.B. eine Karteikarte). Somit wird die Gefahr

unterbunden, daß das Referat nur aus langweiligem Vorlesen besteht.

Das folgende Thema ist verbindlich:

1. Friedrich Dürrenmatts Leben und Werk
(Literatur: Goertz, Heinrich: „Dürrenmatt", Reinbek bei Hamburg, 1987
Knapp, Gerhard: „Friedrich Dürrenmatt", Stuttgart, 1980)

Denkbar sind noch Referate zu Dürrenmatts weiteren Kriminalromanen:

2. „Das Versprechen"
3. „Justiz"

Das Referat 1 sollte vor der Behandlung der Lektüre gehalten werden. Mit Hilfe der Wandzeitungen können während der Besprechung auftretende Fragen geklärt werden. Die Referate 2 und 3 werden am Ende der Unterrichtseinheit gehalten und sollen die Schüler zu einer weiteren Beschäftigung mit Dürrenmatts Werk – möglicherweise sogar über seine Kriminalromane hinaus – motivieren.
In den kommenden zwei Wochen sollen die Schüler die Lektüre lesen und – entsprechend des beispielhaft bearbeiteten 1. Kapitels – die restlichen Kapitel vervollständigen und in den Lesezettel eintragen.

1. Stunde: Inhaltssicherung

Vorbemerkungen

Die erste Stunde der Unterrichtseinheit dient zur Sicherung des Inhaltes. Hat die Klasse dabei Schwierigkeiten, ist es eventuell notwendig, zwei Stunden hierzu anzusetzen. Ist dies nicht der Fall und der Klasse gelingt es, mit Hilfe des Lesezettels den Inhalt der Lektüre zu erfassen, kann man für die Inhaltssicherung nur eine Stunde einplanen, um in dieser Fragen zu beantworten, die sich durch die häusliche Lektüre ergeben haben und die auf dem Lesezettel vermerkt sind.
Für diese Stunde sollte auf jeden Fall das Referat „Leben und Werk Friedrich Dürrenmatts" vorbereitet sein. Die entsprechende Wandzeitung wurde von den Schülern vor der Stunde an der Wand befestigt.

Methodisches Vorgehen

Phase 1

Die Stunde beginnt mit einer „Eingangsprüfung für Kriminalisten und Detektive" (vergl. Arbeitsblätter 14a und 14b). Dieser Inhaltstest kann selbstverständlich auch zur Notenfindung genutzt werden (vergl. Punkte- und Notenverteilung auf Arbeitsblatt 5), dient aber in erster Linie dazu, Schülern und Lehrer Verständnisschwierigkeiten aufzuzeigen.
Den Schülern soll dabei verdeutlicht werden, daß es gerade bei einer Kriminalerzählung darauf ankommt, sehr genau zu lesen und auf jede Kleinigkeit zu achten. Möglicherweise kann hier auf die Erfahrungen der Schüler aus ihrem privaten Lesen zurückgegriffen werden.
Sollte der Test nicht als Leistungskontrolle Verwendung finden, kann er noch in dieser Stunde mit Hilfe der Ergebniskontrolle, die auf eine Overheadfolie kopiert wurde (vergl. Arbeitsblätter 15a und 15b), besprochen werden. Jeder Schüler wird seine kriminalistischen Fähigkeiten anhand der erzielten Punktzahl und der „Bewertungskategorie des kriminalistischen Spürsinns und der Beobachtungsgabe" (Arbeitsblatt 5 mit geändertem Kopf) selbst einschätzen können.

Sollten sich zum Referat keine Fragen mehr ergeben, wird die restliche Zeit der Stunde dazu genutzt, den Lesezettel komplett auszufüllen. Es ist hierzu sicher günstig, daß der Lehrer eine (kopierte) Overheadfolie bereithält, auf der eine mögliche Alternative für das Ausfüllen des Zettels vorgegeben ist. Diese Overheadfolie wird im weiteren Verlauf des Unterrichtsgespräches aufgedeckt (vergl. Arbeitsblatt 13). Den Schülern muß dabei deutlich sein, daß es sich bei dieser Folie lediglich um eine *Alternative* handelt und daß ihre Lösungsmöglichkeiten ebenfalls richtig sein können. Hierbei sollte man – was Überschriften, Inhalt und Personen angeht – einen großzügigen Maßstab anlegen.

Keine Fehler dürfen im Bereich der logischen Zusammenhänge und des Handlungsverlaufes akzeptiert werden. Falsche Schlußfolgerungen, die von den Schülern durch oberflächliches Lesen gezogen werden, sind zu korrigieren.

2. Stunde: Zeitstruktur und Erzählperspektive

Vorbemerkungen

Ziel dieser Stunde ist es, einerseits die Zeitgestaltung in Dürrenmatts „Der Richter und sein Henker" zu erarbeiten, andererseits den Schülern wichtige Fachbegriffe des Erzählens zu vermitteln bzw. diese Begriffe zu wiederholen. Die Schüler erhalten also grundlegende Kenntnisse zur Beschreibung erzählender Literatur, die sie bei der Analyse von epischen Werken immer wieder brauchen werden.

Sachanalyse

Zum Verständnis von Romanen, insbesondere von Kriminalromanen, ist es wichtig, sich die Zeitspanne zu verdeutlichen, über die sich die Handlung des Werkes erstreckt. Diese Zeitspanne wird als „erzählte Zeit" bezeichnet. In „Der Richter und sein Henker" läßt sich die erzählte Zeit genau festlegen: sie erstreckt sich von Donnerstag, den 3. 11. 1948, bis Dienstag, den 8. 11. 1948. Bei der Erstellung des Lesezettels wurde diese Zeitstruktur mit entsprechenden Uhrzeiten genau festgehalten. Von der „erzählten Zeit" unterscheidet sich die „Erzählzeit". Dies ist die Zeit, die man braucht, um ein Werk zu lesen. Sie ist je nach individuellem Lesetempo unterschiedlich und wird bei Dürrenmatts Roman zwischen zwei und vier Stunden betragen.

Die Zeitgestaltung in „Der Richter und sein Henker" ist chronologisch, das heißt, Dürrenmatt erzählt die Handlung des Romans in einem zeitlich geordneten Ablauf. Zeichnerisch läßt sich dies als Gerade darstellen, auf der die Zeit kontinuierlich eingetragen werden kann. Dieses Zeitkontinuum erfährt allerdings einige Unterbrechungen durch Rückgriffe in die Vergangenheit. Dies dient einerseits dazu, einzelne Personen genauer zu charakterisieren. So z. B. S. 8, wenn der Erzähler – mit einem ironischen Seitenhieb gegen die Schweiz – über Bärlachs Karriere berichtet oder dem Schriftsteller die Gelegenheit gibt, sich mit Gastmanns Denken und Handeln zu beschäftigen (S. 76 f.) Andererseits erfolgen Unterbrechungen, um wichtige Informationen zum Gang der Handlung zu geben, denn erst durch die Unterhaltung Gastmann – Bärlach über die Wette wird ihre enge Zusammengehörigkeit klar. Somit wird deutlich, daß Vergangenes in Form von Rückblenden aus der Gegenwart in den

Roman integriert wird. Dies geschieht durch Gespräche der Personen in der Gegenwart bzw. durch Kommentare des Erzählers.
Somit läßt sich zusammenfassend feststellen: Die Gestaltung der Zeit in „Der Richter und sein Henker“ erfolgt chronologisch, als Kontinuum. Dabei wird Vergangenes aus der Gegenwartsperspektive reflektiert und in Bericht und Gespräch wiedergegeben.
Neben der Gestaltung der Zeit in erzählenden Werken ist auch die Sichtweise, aus der erzählt wird, von entscheidender Bedeutung. Diese Sichtweise rückt alle Elemente einer Geschichte in eine bestimmte Perspektive, und es wird so erzählt, „wie es der Rolle, die der jeweilige Erzähler in der Geschichte spielt, dem Standort, von dem aus er erzählt, und der Haltung die er der erzählten Welt gegenüber einnimmt, entspricht“ (Hermes, Abiturwissen, S. 7).

Dürrenmatt wählt in „Der Richter und sein Henker“ die auktoriale Erzählperspektive. Sie ist gekennzeichnet durch einen allwissenden Erzähler, der die Erzählung überschaut und daher ihre Elemente ordnen kann. Da er über dem Erzählten steht, kann er sich mit Kommentaren und Vorausblicken in die Erzählung einmischen und kennt die Gedanken und Gefühle der Personen.
Für einen Kriminalroman ist dies sicher eine logische Perspektive, die auch Theodor Fontane in „Unterm Birnbaum“ gewählt hat.
Bereits hier auf andere Erzählperspektiven einzugehen, würde den Rahmen dieser Stunde sprengen. Sollte dieser Aspekt genauer und ausführlicher behandelt werden, kann dies in der ersten Vergleichsstunde (S. 79f.) geschehen.

Methodisches Vorgehen

Phase 1

Aufgabe der ersten Phase ist es, die Zeitgestaltung im Roman „Der Richter und sein Henker“ zu beschreiben. Im Unterrichtsgespräch kann die Dauer der Erzählzeit rasch erfragt werden. Die erzählte Zeit ergibt sich aus den Angaben des Lesezettels. Im weiteren Verlauf des Gespräches wird der Tafelanschrieb „Zeitgestaltung“ erarbeitet und angefertigt. Dieser Tafelanschrieb endet mit der Definition der auktorialen Erzählperspektive. Dies ist die Überleitung zur

Phase 2

Die Schüler erhalten nun das Arbeitsblatt 16 „Perspektive und Erzählhaltung des auktorialen Erzählers“ mit dem Auftrag: Ordnet die Personen des Romans sinnvoll in die Fenster des „Romanhauses“ ein. Der Leser betritt also das Haus, d. h. den Roman, und lernt in diesem Haus verschiedene Personen kennen. Diese wohnen in unterschiedlichen Räumen, entsprechend ihrer Bedeutung und ihrer Zusammengehörigkeit im Roman. Die Schüler sollen in Partnerarbeit also eine möglichst sinnvolle Gruppierung der Personen finden und in die „Fenster der Wohnräume“ eintragen. Zwei Gruppen erhalten eine vorbereitete Overheadfolie des Arbeitsblattes, tragen hier ihre Ergebnisse ein und zeigen diese anschließend der Klasse.
Eine von sicherlich mehreren Alternativen bietet der Lösungsvorschlag auf Arbeitsblatt 17.
Nachdem die Position der Handelnden geklärt ist, stellt sich die Frage, wo der auktoriale Erzähler plaziert werden muß. Dieser muß natürlich außerhalb des Hauses stehen. Die Gründe für diesen Stand-

ort ergeben sich, indem die Definition des auktorialen Erzählers aus dem ersten Teil der Stunde (vgl. Tafelanschrieb) wiederholt wird. Overheadfolie und Arbeitsblätter werden mit den entsprechenden Angaben ergänzt, wobei nochmals die Definition des auktorialen Erzählers festgehalten wird. Um diese Definition auch beispielhaft anhand von „Der Richter und sein Henker“ zu verdeutlichen, sollen die Schüler in einem weiteren Arbeitsschritt Beispiele für überschauendes und kommentierendes Erzählen geben bzw. verdeutlichen, in welchen Textpassagen klar wird, daß Dürrenmatt die Gedanken und Gefühle der handelnden Personen kennt. Im Lösungsblatt finden sich entsprechende Textbelege.
Möglicherweise ergibt sich im Laufe der Unterrichtsstunde die Frage: Worin liegt der Unterschied zwischen dem Erzähler und dem Autor eines Romans? Sollte dies nicht der Fall sein, könnte die Stunde mit einem Unterrichtsgespräch und einer Antwort auf diese Frage enden.

Hausaufgabe

Für die Hausaufgabe wird die Klasse in zwei Gruppen aufgeteilt.
Gruppe 1 beschäftigt sich mit der Aufgabe: Beschreibe das Verhältnis zwischen Tschanz und Schmied (mit Zitaten und Seitenangaben).
Gruppe 2 beschäftigt sich mit dem Auftrag: Beschreibe das Verhältnis zwischen Gastmann und Bärlach (mit Zitaten und Seitenangaben).

3. Stunde: Die Handlungsstränge des Romans

Vorbemerkungen

Nachdem die inhaltlichen Fragen beantwortet sind, geht es in dieser Stunde darum, den Aufbau des Romans kennenzulernen und zu beschreiben. Den Schülern soll deutlich werden, daß zwei auf den ersten Blick völlig unterschiedliche Vorgeschichten im Laufe des Romans aufgedeckt und zusammengeführt werden und somit die Lösung des Kriminalfalles ermöglichen.

Sachanalyse

Der Roman setzt unvermittelt mit der Entdeckung des ermordeten Ulrich Schmied, Polizeileutnant der Stadt Bern, ein. Damit ist für den unbefangenen Leser der Kriminalfall, den es aufzuklären gilt, gegeben. Bereits das dilettantische Vorgehen des Dorfpolizisten Clenin läßt beim erfahrenen Krimileser und -schauer erhebliche Zweifel an der sachgerechten Aufklärung des Falles aufkommen, weiß es doch heutzutage jedes Kind, daß am Tatort keine Veränderungen vorgenommen werden dürfen. Auch Kommissär Bärlach ruft mit seiner unkonventionellen Vorgehensweise nicht unbedingt das Vertrauen des Lesers hervor. Merkwürdig ist allerdings Bärlachs Äußerung zu seinem Chef Dr. Lutz: „Ja, ich habe irgendwen in Verdacht, Doktor Lutz“ (S. 14, Z. 19f.). Da er allerdings über diesen Verdacht schweigt, tappt der Leser weiterhin im dunkeln. Tschanz, der „Mann, der immer bemüht ist, kriminalistisch auf der Höhe zu bleiben,“ (S. 15, Z. 15ff.) ist derjenige, der auf Bärlachs Wunsch hin, an der Auflösung des Falles entscheidend mitarbeiten soll. Das erste Zusammentreffen der beiden ist verblüffend, „denn im ersten Moment glaubte“ Bärlach, „der tote Schmied komme zu ihm“ (S. 18, Z. 15). Im Verlauf des weiteren Gespräches und bei der Fahrt nach Lamboing wird klar, wie sehr Bärlach den Ermordeten schätzte und wie neidisch Tschanz auf Schmied war. Bärlachs Einschätzung ist geradezu ein Loblied auf seinen Untergebenen: „Aber auf den Schmied lasse ich nichts kommen, der war der begabteste. ... ein klarer Kopf ... An dem müssen wir uns ein Beispiel nehmen, Tschanz, der war uns über.“ (S. 19, Z. 3 ff.). Aber nicht nur sein berufliches Können schätzte Bärlach, auch sein sonstiges Verhalten fand nur Lob: „Er war ein vorsichtiger Fahrer“ (S. 26, Z. 11) und „Schmieds Freundin heißt Anna, und Schmied war solid“ (S. 21, Z. 6). Auch Frau Schönler bestätigt diese Einschätzung: „Er ist der beste Untermieter, den wir je gehabt haben“ (S. 12, Z. 8). Diese Wertschätzung ruft bei Tschanz Neid- und Haßgefühle hervor. Für den aufmerksamen Leser wird dies bei der ersten Fahrt von Bärlach und Tschanz nach Lamboing deutlich. Seine angebliche Unwissenheit über den Namen von Schmieds Wagen nutzt Tschanz zu einer Klage über die an ihm begangenen Ungerechtigkeiten: „Schmied hatte reiche Eltern und durfte das Gymnasium besuchen. Das konnte sich unsereiner nicht leisten.“ (S. 26, Z. 26 f.).

Trotz seines Hasses verehrt Tschanz den Kollegen über alle Maßen. Er möchte auch so sein wie Schmied und von allen bewundert werden. Damit dies möglich wird, gibt es nur eine Chance: Schmied muß beseitigt werden. Dann kann Tschanz dessen Rolle völlig übernehmen. Und dies versucht er mit aller Konsequenz: Er übernimmt Schmieds Äußerlichkeiten (vergl. erste Begegnung mit Bärlach S. 18, Z. 15 ff.), er kauft seinen Mercedes (S. 75, Z. 9), und er will auch Schmieds Platz als Bräutigam von Anna einnehmen (S. 102, Z. 1 ff.).

Faßt man zusammen, wird klar, warum dieser Mord begangen wurde: Tschanz war den jahrelangen angeblichen Benachteiligungen nicht mehr gewachsen. Er fühlte sich „übergangen, mißachtet, als letzten Dreck benutzt, als besseren Briefträger“ (S. 86, Z. 14 ff.). Die einzige Chance, dies zu ändern, sah er im Mord an Schmied. Ist dieser beseitigt, kann er „seinen Erfolg, seinen Posten, seinen Wagen und seine Freundin“ (S. 114, Z. 18 f.) übernehmen.

Daß es in dieser Kriminalgeschichte aber nicht nur um einen einfachen Mord aus Haß, Neid und Eifersucht geht, wird der geübte Leser anhand einiger Andeutungen erkennen.

Bärlachs Ziel ist es keineswegs, den Mörder Schmieds zu entlarven. Diesen kennt er schon, da er mehrfach über einen „Verdacht“ spricht (S. 14, Z. 19 und S. 21, Z. 25 ff.). Für ihn gilt es, das „G“ in Schmieds Notizbuch unschädlich zu machen. Dieses „G“ könnte Gastmann oder Gendarmerie bedeuten. Daß der Täter im Mordfall Schmied für ihn bereits feststeht, zeigt sich an Bärlachs Antwort auf die Frage: „‚Oder glauben Sie, daß ein Gendarm etwas mit dem Mord zu tun habe?‘ ‚Es ist alles möglich, Tschanz‘, antwortete der Alte.“ (S. 31, Z. 25 ff.).

Somit muß Gastmann eine wichtige Stellung im Roman einnehmen.

Für den Leser bleibt Gastmann zunächst eine unbekannte Größe. Zwar schleichen Bärlach und Tschanz um dessen Haus, Bärlach erschießt dabei auch den wertvollen Hund des Hausbesitzers, aber dies alles lockt Gastmann zunächst nicht aus der Reserve. Erst bei seinem Besuch in Bärlachs Wohnung erfährt der Leser die Vorgeschichte. In einem Gespräch rekonstruieren die beiden ihre Vergangenheit

(S.64ff.). Sie sprechen über ihre Wette vor über vierzig Jahren in der Türkei und die Konsequenzen, die sich daraus ergeben haben. Der eine wurde „ein immer besserer Kriminalist“ (S.69, Z.30f.) und hörte nie auf, den anderen zu verfolgen, um ihm seine Verbrechen zu beweisen (vergl. S.64, Z.31ff.). Angesichts seiner Krankheit ist auch sein letzter Versuch gescheitert, mit Hilfe von Schmied die Beweise zu erbringen. Der andere ist ebenfalls wie sein Kontrahent an die Stätte seiner Jugend zurückgekommen, aber er wurde in seinem Leben „ein immer besserer Verbrecher“ (S.69, Z.29), und nie ist es gelungen, ihm seine Untaten zu beweisen (vergl. S.69, Z.32ff.).
Am Ende seines Lebens erkennt Bärlach, daß er in jener Wettnacht in der Türkei schuldig geworden war (vergl. S.99, Z.28 ff.). Das Gespräch, das Bärlach und Gastmann auf der Fahrt zum Bahnhof führen (S.99f.), endet in Drohungen von beiden Seiten:

- Bärlach: „Es ist mir nicht gelungen, dich der Verbrechen zu überführen, die du begangen hast, nun werde ich dich eben dessen überführen, das du nicht begangen hast“ (S.100, Z.1ff.).
- Gastmann: „Das nächste Mal werde ich dich töten“ (S.100, Z.14).

In dieser Unterredung wird deutlich, daß Bärlach von Anfang an gewußt hat, daß Gastmann Schmied nicht ermordet hat. Er muß aber erkennen, daß er bei seinem wichtigsten Lebensziel versagt hat. Trotzdem glaubt er, berechtigt zu sein, sich zum Richter zu erheben und Gastmann für ein Verbrechen zu bestrafen, das dieser gar nicht begangen hat: „Ich habe dich gerichtet, Gastmann, ich habe dich zum Tode verurteilt ... Der Henker, den ich ausersehen habe, wird heute zu dir kommen“ (S.100, Z.19ff.).
Für den Roman lassen sich also zwei Handlungsstränge mit zwei Vorgeschichten erkennen. Einerseits ist dies die Bärlach-Gastmann-Handlung mit der Wette als Vorgeschichte, andererseits ist dies die Bärlach-Schmied-Tschanz-Handlung mit Tschanz' Frustration als Vorgeschichte.
Den Höhepunkt des Romans bildet die Rekonstruktion der „Wette“ (S.64ff.), die die Vorgeschichte bzw. die gemeinsame Vergangenheit Bärlachs und Gastmanns erklärt. Aus ihr erwächst der Haupterzählstrang, der Mitursache ist für die Entstehung des Nebenerzählstranges. Neben dem Leichenfund Schmieds als Ausgangspunkt (S. 5) sind weitere wichtige Ereignisse bzw. Stationen des Romans zu nennen: die Erschießung von Gastmanns Hund (S.33ff.), der Besuch beim Schriftsteller (S.76ff.), der Mordanschlag auf Bärlach durch Tschanz (S.91ff.), die Fahrt zum Bahnhof mit der Ankündigung des Henkers (S.100), die Ermordnung Gastmanns durch Tschanz (S.102ff.) und das „Große Fressen“, währenddessen Bärlach seiner Marionette Tschanz die Zusammenhänge erklärt (S.110ff.).

Methodisches Vorgehen

Phase 1

Die Schüler sollten sich in der Hausaufgabe in Gruppen mit folgender Fragestellung befassen:

1. Beschreibe das Verhältnis zwischen Tschanz und Schmied (mit Zitaten und Seitenangaben).
2. Beschreibe das Verhältnis zwischen Gastmann und Bärlach (mit Zitaten und Seitenangaben).

Jeweils zwei bis drei Schüler tragen ihre Ergebnisse vor. Diese werden als Tafelanschrieb festgehalten (vergl. Stundenblatt). Wichtig ist hierbei, daß die unterschiedlichen Vorgeschichten der beiden

Handlungsstränge eindeutig herausgearbeitet und an der Tafel formuliert werden.

Phase 2

In der zweiten Phase der Unterrichtsstunde gilt es, die beiden Handlungsstränge zu erkennen. Die Bärlach-Gastmann-Handlung mit ihrer Vorgeschichte und die Bärlach-Schmied-Tschanz-Handlung mit ihrer Vorgeschichte sind voneinander abzugrenzen. Dabei soll die Wette als Zentrum und Mittelpunkt des Romans herausgearbeitet werden. Als weitere Aufgabe sollen die Schüler die wichtigsten Ereignisse und Stationen des Romans benennen und dem richtigen Erzählstrang zuordnen.

Phase 3

Im dritten Teil der Unterrichtsstunde sollen die Schüler in Partnerarbeit versuchen, die in der Unterrichtsphase 2 erarbeiteten Ergebnisse als Graphik darzustellen. Die Graphik sollte die wichtigsten Ereignisse, die unterschiedlichen Erzählstränge und ihr Verhältnis zueinander verdeutlichen.
Das Ergebnis könnte aussehen wie der Tafelanschrieb auf Stundenblatt S. 18. Bei dieser Skizze wird davon ausgegangen, daß der Haupterzählstrang die Bärlach-Gastmann-Handlung ist, die demzufolge als Gerade zu zeichnen ist. Diese Gerade beginnt mit der Vorgeschichte I (Wette in der Türkei). Im Roman selbst wird der Leser erst sehr spät (S. 33) mit Gastmann bzw. dessen Haus und Anwalt konfrontiert. Ab diesem Zeitpunkt ist das Problem Gastmann das beherrschende Thema des Romans. Dies gilt für die Wette ebenso wie für das Gespräch mit dem Schriftsteller. Die Vorgeschichte II entwickelt sich zunächst völlig ohne Zusammenhang mit der Vorgeschichte I und ist daher senkrecht zu ihr gezeichnet. Tschanz' Haß und Neid auf Schmied entwickelte sich unabhängig von der Bärlach-Gastmann-Handlung. Allerdings ändert sich die Richtung der Geraden zu Beginn des Romans, als Schmieds Leiche gefunden wird. Bärlachs Plan wurde durchkreuzt, und er ist zu Änderungen gezwungen. Daher läuft der Erzählstrang zwei nun parallel zum ersten Erzählstrang, weil Bärlach vordergründig zwar mit Tschanz den Mörder sucht, in Wirklichkeit aber Tschanz immer mehr als seine Marionette benutzt. Nach dem nächtlichen Mordanschlag auf Bärlach ist Tschanz gezwungen, etwas zu unternehmen, denn Bärlach hat klar ausgesprochen, daß er den Täter kenne. Im Moment des Mordes an Gastmann trifft der zweite Erzählstrang auf den ersten. Am Ende des Romans hat Bärlach nur noch die Aufgabe, seinem Untergebenen zu enthüllen, daß alles nach seinem Plan gelaufen ist.

Hausaufgabe

Als Hausaufgabe zur Vorbereitung der nächsten Stunde erhalten die Schüler den Auftrag, alle im Roman genannten Schweizer Orte in ihr Heft zu schreiben.

4. Stunde: Der Tatort

Vorbemerkungen

Die Beschreibung des Tatortes und seiner näheren und weiteren Umgebung ist für die Auffindung des Täters in Kriminalromanen sehr häufig von entscheidender Bedeutung. So schildert auch Dürrenmatt die Umgebung um Bern und den Bieler See mit großer Detailtreue. Ähnlich genau beschreibt er auch Bärlachs Wohnung und das Arbeitszimmer des Schriftstellers. In dieser Stunde geht es allerdings nicht darum, die unmittelbare Umgebung der Hauptpersonen und deren Bedeutung zu untersuchen. Auch die zahlreichen Straßen und Plätze der Stadt Bern, die im Roman erwähnt werden, spielen für uns in diesem Zusammenhang keine Rolle. Ausgenommen ist hierbei die Wohnung Schmieds. Ziel muß es sein, die gesamten Orte um Bern und den Bieler See (einschließlich Grindelwald) sowie die Lage der Wohnung Schmieds in Bern zu lokalisieren und aus dieser Lageskizze die richtigen Schlüsse zu ziehen, die dann den Mörder entlarven.

Sachanalyse

Der Kriminalroman „Der Richter und sein Henker" spielt zwischen dem Schweizer Jura und Bern. Sicherlich gibt es mehrere Gründe dafür, daß Dürrenmatt als Handlungsort gerade diesen relativ unbekannten Teil der Schweiz ausgewählt hat. Zunächst ist es gerade für einen Kriminalroman wichtig, möglichst realitätsnah zu sein, damit die Geschichte für den Leser glaubhaft wird. Hierzu sind natürlich tatsächlich existierende Ortschaften sehr gut geeignet.

Weiterhin erhöht gerade die Unkenntnis über diese Gegend die Authentizität des Romans. Nationalrat von Schwendi, der Anwalt Gastmanns, erzählt seinem Parteifreund Dr. Lutz über die geheimen Treffen fremder Mächte mit Managern aus der Industrie in Lamboing und fragt ihn in diesem Zusammenhang: „‚Hast du den Namen Lamboing schon vor der Ermordung Schmieds gehört?' ‚Nein' ‚Eben darum', stellte der Nationalrat fest. ‚Weil niemand Lamboing kennt. Wir brauchen einen unbekannten Ort für unsere Zusammenkünfte.'" (S. 53, Z. 23 ff.). Damit wird die Funktion dieses Ortes für den Leser und Dr. Lutz deutlich, wenn auch der geübte Kriminalromanleser immer noch – im Gegensatz zu Dr. Lutz – seine Zweifel über die Legalität dieser Unternehmungen haben wird.

Ein weiterer Grund für die Wahl dieses Ortes könnte auch sein, daß die Schweiz und speziell die Gegend um Bern Dürrenmatts Heimat ist. Im Gegensatz zur verschlafenen Schweiz, in der ein Verbrechen wie ein Mord blankes Entsetzen hervorruft (vergl. das Verhalten des Dorfpolizisten Clenin S. 5 ff.), stehen die anderen im Roman erwähnten Orte. Bärlach war in jüngeren Jahren als Kriminalist in Konstantinopel und Frankfurt tätig, beides Städte, die auch heute noch in dem Ruf stehen, Zentren des nationalen und internationalen Verbrechens zu sein. Zu dieser Zeit erwarb sich Bärlach einen glänzenden Ruf. Doch dieser scheint verblaßt und seine Methoden veraltet, denn sein Chef, Dr. Lutz, träumt nur noch von den modernen Verbrechensbekämpfungsmethoden wie sie in New York und Chicago, seit den Zeiten Al Capones Beispiel für die Macht des Verbrechens, praktiziert werden.

Es wird deutlich, daß Dürrenmatt die ruhige und friedliche Atmosphäre der Schweiz, in der ein Verbrechen die Ordnung durcheinander bringt, der hektischen und friedlosen Welt gegenüberstellt. Die Schweiz ist diesen Verbrechen nicht gewachsen. Das bisher Gesagte rechtfertigt aber noch nicht die extreme Detailtreue, mit der Dürrenmatt die Ortschaften zwischen Bern und dem Bieler See beschreibt. Und in der Tat dient dies dazu, Kommissär Bärlach „den ersten Beweis" (S. 113, Z. 24) zu liefern, wer der Mörder Schmieds ist.

Um von Bern zum Tatort in Lamboing zu gelangen, kann man zwischen zwei Fahrtmöglichkeiten wählen: einer östlichen

Route über Zollikofen, Lyß und Biel oder einer westlichen Route über Kerzers, Ins und Erlach. Entscheidend für die Wahl des Fahrtweges dürfte der Ausgangspunkt sein.
Bereits bei der ersten Fahrt, die Tschanz und Bärlach gemeinsam nach Lamboing unternehmen, ergeben sich Auseinandersetzungen über die Fahrtstrecke. Tschanz fährt „in den Altenberg, wo der Kommissär seit dreiunddreißig in einem Hause an der Aare wohnte" (S. 24, Z. 1 ff.), um ihn abzuholen. Von diesem östlichen Stadtteil Berns – übrigens relativ nahe der Wohnung Schmieds in der Bantigerstraße (vergl. S. 8, Z. 34) gelegen – wäre es am günstigsten, über Zollikofen – Biel nach Lamboing zu fahren. Daher wundert sich Bärlach auch, daß Tschanz nicht diese Route, sondern den längeren Weg durch die Stadt wählt: „Warum fahren Sie nicht über ... nach Zollikofen, Tschanz, das ist doch näher als durch die Stadt?" (S. 25, Z. 34 ff.). Dies ist ein Vorschlag, der anhand der Karte nachvollziehbar und vernünftig ist. Tschanz hingegen will „nicht über Zollikofen – Biel nach Twann ..., sondern über Kerzers – Erlach" (S. 26, Z. 3 f.). Auf Bärlachs Einwand, dies sei eine ungewöhnliche Route (vergl. S. 26, Z. 5), kann Tschanz nur antworten: „Eine gar nicht so ungewöhnliche, Kommissär" (S. 26, Z. 6). Im Gegensatz zur logischen und vernünftigen Begründung Bärlachs für seine Fahrtstrecke, kann Tschanz für die Wahl seiner Route keine Begründungen anführen.
Tschanz fährt trotzdem die von ihm gewählte Strecke und lenkt im Laufe der Fahrt das Gespräch auf den blauen Charon, wie Schmied seinen Wagen nannte. Bärlach muß dem angeblich Unwissenden hierbei allerdings erst das Stichwort geben. Nun fragt Tschanz an Tankstellen bei Gümmenen und in Kerzers erfolglos nach. Erst bei Erlach erfährt er, daß in der Mordnacht ein Fahrer dort gehalten habe, der seinen Wagen so genannt habe. Voller Stolz informiert er Bärlach über diese Information. Auch die zweifelnde Frage des Kommissärs: „Sind Sie sicher?" (S. 27, Z. 16) kann ihn nicht beirren: „Ich habe Ihnen den lückenlosen Beweis geliefert" (S. 27, Z. 17).
Nach Abschluß ihrer Untersuchungen in Lamboing wählt Tschanz als Rückweg wohl automatisch die Route Biel – Zollikofen und bestätigt so die Richtigkeit des Vorschlages des Kommissärs.
Auch die Fahrt zum Verhör des Schriftstellers beginnt mit einer Auseinandersetzung um die Fahrtstrecke. Tschanz nimmt wieder die Strecke über Kerzers – Ins. Auch diesmal ist die Begründung für seine Wahl äußerst dürftig: „Ich liebe diese Strecke" (S. 75, Z. 14). Für Bärlach ist die Route in diesem Fall keine Diskussion wert. Man merkt ihm zwar deutlich an, daß er damit nicht einverstanden ist: „Bärlach brummte: ‚Du fährst ja wieder über Ins'." (S. 75, Z. 13), damit ist dieses Thema allerdings für ihn erledigt und bedarf keiner sonstigen Worte mehr. Die Rückfahrt vom Schriftsteller bringt die wichtige Information, daß Tschanz in Grindelwald seinen Urlaub verbracht hat (S. 87, Z. 8 f.).
Für den Leser sind damit die entscheidenden Tatsachen bekannt, die Bärlach in der Enthüllungsszene am Ende des Romans zusammenfügt: Tschanz fuhr in der Mordnacht mit dem blauen Mercedes der Pension Eiger (S. 113, Z. 32 f.) die westliche Route nach Lamboing. Ein Grund hierfür könnte sein, daß er durch die Wahl dieser Route nicht gezwungen war, durch Bern zu fahren, und sich so nicht der Gefahr aussetzte, zufällig von einem Bekannten gesehen zu werden. Weiterhin war diese Strecke für ihn die etwas günstigere, da er – von Grindelwald kommend – einige Kilometer abkürzen konnte. An einer Tank-

stelle inszenierte er das Schauspiel um den blauen Charon. Tschanz legte damit den Grundstein dazu, Bärlach bei der späteren Untersuchung der Tat seine eigenen kriminalistischen Fähigkeiten unter Beweis stellen zu können. Denn nur durch dieses Schauspiel konnte er bei der Fahrt mit Bärlach den angeblich lückenlosen Beweis erbringen, daß Schmied diese Strecke gefahren sei. Für Schmied, der in der Bantigerstraße (S. 8, Z. 34) im Osten Berns wohnte, war ebenso wie für Bärlach die östliche Strecke über Zollikofen – Lyß die günstigere. Daß Schmied diese Route bei seinen Fahrten wählte, war sicherlich logisch und mit Bärlach abgesprochen. Außerdem hielt Schmied in der Mordnacht „bei der Garage in Lyß" (S. 113, Z. 28), was Tschanz' angebliche Beweise zusätzlich widerlegt.
Indem Tschanz „die Komödie mit dem ‚blauen Charon'" (S. 113, Z. 26) spielte, lieferte er Bärlach den ersten Beweis, daß sein Verdacht richtig ist, denn „wer in jener Nacht über Ins und Erlach fuhr, war der Mörder: du, Tschanz" (S. 113, Z. 30 ff.).
Damit wird deutlich, daß Dürrenmatt die reale Umgebung nicht nur aus den anfangs genannten Gründen wählt, sondern den Tatort und das umliegende Gebiet in den Aufklärungsprozeß einbindet.
Im Unterricht bereitet Bärlachs Beweisführung häufig Schwierigkeiten, da für die Schüler die Gründe für Tschanz' Entschluß, die westliche Strecke zu wählen, oft kaum einzusehen sind. In der Tat ist diese Entscheidung nur schwer zu verstehen. Selbst Friedrich Dürrenmatt scheint einige Jahre nach der Veröffentlichung von „Der Richter und sein Henker" damit Probleme gehabt zu haben. Im Buch noch als ein wichtiger Beweis für die Schuld Tschanz' herausgestellt, wird das Problem der Fahrtstrecke im Film „Der Richter und sein Henker" (1975) – dessen Mitregisseur Dürrenmatt war – überhaupt nicht mehr erwähnt. Da wir aber mit dem Text arbeiten, müssen wir dessen Argumentation und Beweisführung zugrunde legen.

Methodisches Vorgehen

Phase 1

Die erste Phase des Unterrichts soll die Schüler auf das Problem der Stunde einstimmen. Zunächst werden die großen, bekannten Orte genannt, die im Roman vorkommen. Diese Städte, in denen häufig Kriminalromane spielen, sind den Schülern sicher bekannt. Diese Zentren der Kriminalität als Gegensatz zur heilen Welt des Schweizer Jura zu sehen, dürfte nicht schwerfallen. Als nächstes werden die Gründe erarbeitet, die Dürrenmatt zur Wahl dieses Schauplatzes veranlaßt haben.

Phase 2

In diesem Teil der Unterrichtsstunde wird auf die Hausaufgabe zurückgegriffen, in der die Schüler die in der Lektüre erwähnten Orte in der Schweiz schriftlich festhalten sollten. Anhand dieser Aufgabe muß es möglich sein, die Fahrtstrecke zu rekonstruieren, die Bärlach und Tschanz bei ihrer ersten gemeinsamen Fahrt zum Tatort wählten. Diese Orte werden an der Tafel notiert (vergl. Tafelanschrieb 1) ebenso wie die alternative Fahrtstrecke, die Bärlach vorschlägt. Außerdem sollten die Gründe erarbeitet werden, die Tschanz und Bärlach für ihre Route nennen. Zum Abschluß dieses Teiles sollte auch noch die Rückfahrt Erwähnung finden.
Im zweiten Teil dieser Unterrichtsphase wird die Fahrt zum Schriftsteller unter-

sucht (vergl. Tafelanschrieb 2). Auch hier werden die erwähnten Orte und die Begründung für die Fahrtstrecke festgehalten. Wichtig ist die Information auf der Rückfahrt, in der Tschanz' Ferienort Grindelwald erwähnt wird.

Phase 3

Die Schüler sind jetzt zwar in der Lage, die beiden Fahrtstrecken zu benennen, es fehlt ihnen aber sicherlich noch die konkrete geographische Vorstellung. Diese soll ihnen durch eine Karte (Arbeitsblatt 18a) vermittelt werden. Die Schüler tragen mit Hilfe eines Atlas bzw. einer Straßenkarte der Schweiz die Orte aus dem Tafelanschrieb in Arbeitsblatt 18a ein. So werden die beiden Alternativen deutlich, die zur Fahrt von Bern nach Lamboing zur Verfügung stehen. Ein bis zwei Gruppen zeigen ihre Ergebnisse auf dem Overheadprojektor. Die östliche bzw. westliche Route werden mit unterschiedlichen Farben markiert. Außerdem sollte auf den Folien Grindelwald bzw. der Weg nach Grindelwald eingezeichnet sein. Als Lösung steht Arbeitsblatt 18b zur Verfügung.

Phase 4

In der vierten Unterrichtsphase werden die gefundenen Ergebnisse ausgewertet (vergl. Tafelanschrieb 3). Ebenso wie es Bärlach den Schülern in der Enthüllungsszene exemplarisch vormacht, werden die beiden Fahrtstrecken gegeneinandergestellt und bewertet, wer aus welchen Gründen welche Route gewählt hat. Während dieser Phase werden die Overheadfolien der Schüler (Arbeitsblatt 18a) zur Verdeutlichung genutzt. Damit kann Bärlachs Beweisführung nachvollzogen und belegt werden. Am Ende der Stunde wird nochmals auf die Funktion der Umgebung des Tatortes hingewiesen, diese bewertet und der Tafelanschrieb ergänzt.

Hausaufgabe

Zur Vorbereitung der nächsten Stunde sollen sich die Schüler in die Lage von Dr. Lutz versetzen und eine (dienstliche) Beurteilung von Kommissär Bärlach schreiben. Dabei kann natürlich kein formvollendetes Dienstzeugnis erwartet werden. Vielmehr sollen die Schüler die Ansichten von Lutz über Bärlachs berufliches Leistungsvermögen und sein persönliches Verhältnis zu seinem Untergebenen darstellen.

5. Stunde: Charakteristik der Hauptpersonen (Gastmann, Bärlach)

Vorbemerkungen

Um das Motiv für ein Verbrechen nachvollziehen zu können, ist es von großer Bedeutung, die Persönlichkeitsstruktur des Täters zu kennen. Ohne diese Kenntnisse ist man häufig nicht in der Lage, die Tat und ihre Gründe zu verstehen. Für den „normalen" Kriminalroman ist dies häufig relativ einfach: Der Kommissar ist gut und versucht – wenn auch manchmal etwas außerhalb der Legalität, aber doch immer noch mit dem Einverständnis des Lesers –, den Verbrecher zu überführen. Der Täter ist böse und handelt aus niederträchtigen, aber klar zu definierenden Motiven (Eifersucht, Liebe, Haß, Geldgier). Für den Roman „Der Richter und sein Henker" treffen diese Klischees nicht zu, was in dieser Stunde mit der Charakteristik der Hauptpersonen (Gastmann, Bärlach) belegt werden soll.

Gastmanns Aussehen und Verhalten

Der erste Eindruck, den man von einem Menschen hat, wird durch dessen Äußeres geprägt. Dieses macht Gastmann nicht unbedingt sympathisch. Seine Augen liegen tief „im knochigen, aber runden Gesicht mit kurzem Haar“ (S. 64, Z. 18f.), seine Gestalt ist „fast“ bäurisch (S. 64, Z. 17), und er besitzt eine „seltsame und klare Stimme“ (S. 35, Z. 19f.). Bereits in seinem Äußeren zeigt sich Gastmanns Zwiespältigkeit: einerseits ist seine Stimme „klar“, andererseits aber doch „seltsam“; sein Gesicht ist zwar „knochig“, aber trotzdem „rund“. Die „fast bäurische Gestalt“, in der man Bodenständigkeit, Einfachheit und Festhalten an Bewährtem vermutet, steht im krassen Gegensatz zu seinem Verhalten.
Als „jahrelanger Gesandter Argentiniens in China“ (S. 53, Z. 17f.) und „ehemaliger Verwaltungspräsident des Blechtrusts“ (S. 53, Z. 19f.) ist er ein Weltmann. Er verkehrt mit begnadeten Künstlern, hohen Politikern und einflußreichen Industriellen. Den Politikern und Industriellen stellt er sein Haus zu geheimen Gesprächen zur Verfügung. Die Künstler bieten durch ihre Anwesenheit und Darbietungen die entsprechende Tarnung hierfür. So verwundert es nicht, daß dieser Weltmann gerne Bach hört (vergl. S. 35, Z. 26f.) und sich in unangenehmen Dingen – wie einem Besuch bei der Polizei – von seinem Anwalt vertreten läßt. Auch der Hund, den er sich hält, eine seltene, südamerikanische Rasse, paßt in das Bild eines Weltmannes. Für seine Verdienste wurde ihm u. a. das „Kreuz der Ehrenlegion“ (S. 74, Z. 2f.) verliehen, und sein wissenschaftlicher Ruf begründet sich auf „Publikationen über biologische Fragen“ (S. 74, Z. 3f.).
Insgesamt also ein Mann mit höchstem Ansehen in der Welt, der es sich sogar leisten kann, die Aufnahme in die Französische Akademie abzulehnen (vergl. S. 74, Z. 5f.). Dies schadet seinem Ruf keineswegs, sondern bringt ihm im Gegenteil noch mehr Bewunderung (Lutz: „Das imponiert mir.“ S. 74, Z. 6).

Bärlachs Aussehen und Verhalten

Bärlach ist ein Mann von „über sechzig“ (S. 10, Z. 6), der unter Magenbeschwerden leidet (vergl. u. a. S. 56, Z. 20: „... Bärlach, der wie so oft die Hand auf den Magen legte. ‚Haben Sie Schmerzen?‘ ... ‚Immer‘, antwortete Bärlach.“). Daß es sich hierbei um eine äußerst schwere Erkrankung handelt, belegen der Schmerzanfall, den er nach dem Besuch Gastmanns hat (vergl. S. 72, Z. 27ff.), und die Prognose des Arztes Dr. Hungertobel, daß Bärlachs Lebenserwartung, selbst nach einer geglückten Operation, nur noch ein Jahr beträgt (S. 89, Z. 24ff.). Verantwortlich für diese Krankheit ist sicher, daß Bärlach ein starker Raucher ist (vergl. u. a. S. 13, Z. 19ff.: „... er sei unter anderem zehn Jahre in türkischen Diensten gestanden und habe immer ... geraucht“).
Bärlachs Äußeres weist auf einen freundlichen, netten, älteren Herren hin. Er hat ein ruhiges Profil (vergl. S. 56, Z. 19) und strahlt die Ruhe eines ergrauten, soignierten Herren (vergl. S. 84, Z. 35f.) aus. Aber ebenso wie bei Gastmann ist dieses äußerliche Bild trügerisch, denn Bärlach betrachtet seine Umgebung aus „kalten Augenschlitzen“ (S. 85, Z. 1f.), und insbesondere seine Feinde müssen ihm „ins undurchdringliche Antlitz“ (S. 85, Z. 24) sehen.
Während Gastmann im Laufe seines Lebens eine glänzende Karriere durchläuft, bleibt Bärlach in „muffigen Amtsstuben,

immer brav eine Sprosse um die andere auf der Leiter ... (der) bescheidenen Erfolge erklimmend" (S. 70, Z. 6ff.). Und so entwickelt er während seiner Dienstzeit ei-genartige Gewohnheiten und Ansichten: er hält Zeitungen für „das Überflüssigste, was in den letzten zweitausend Jahren erfunden worden ist" (S. 8, Z. 18 f.), nach seiner Meinung ist Bern „eine viel zu kleine Stadt für ‚Trams und dergleichen'" (S. 10, Z. 3f.), und sein Haus hat keine Klingel, weil er diese ohnehin nicht braucht, da die Haustür sowieso nie abgeschlossen ist (vergl. S. 25, Z. 6ff.). Die Möglichkeit, daß dies einen Einbruch erleichtert, betrachtet er eher als spannendes Spiel, denn als Gefahr („Es ist immer spannend, heimzukehren und zu sehen, ob einem etwas gestohlen worden ist oder nicht." S. 25, Z. 9ff.).

Diese ungewöhnlichen Ansichten vertritt er auch in seinem Beruf, indem er Tschanz erklärt, daß er weder Tote noch Protokolle liebe (vergl. S. 20, Z. 13ff.). Hier läßt sich sicher diskutieren, ob dies eine rein taktische Aussage war, um Tschanz noch mehr in Sicherheit zu wiegen, oder ob Bärlach diesen Widerwillen gegen Tote am Ende des Romans nur überwindet, weil es sich bei der Leiche um seinen alten Gegner Gastmann handelt (vergl. S. 108, Z. 26ff.).

Daß Bärlach auch ein selbstbewußter, von seiner Unangreifbarkeit überzeugter Kriminalist ist, beweist sein Verhalten gegenüber seinem Vorgesetzten Dr. Lutz. So bereitet es ihm keine Probleme, trotz des entschiedenen Protestes seines Chefs, in dessen Zimmer zu rauchen (vergl. S. 13, Z. 13ff.). Auch sein Eintreten in das Zimmer von Dr. Lutz ohne anzuklopfen, belegt wohl weniger seine schlechte Kinderstube, als vielmehr sein Gefühl, dem jungen, unerfahrenen Chef die eigene Überlegenheit deutlich zu zeigen.

Dieses Verhalten ist allerdings wohl eher unter der Kategorie „Spiel" einzuordnen. Daß Bärlach seine Überzeugung allerdings auch mit Nachdruck und unter Hinnahme von beruflichen Nachteilen vertritt, belegt die Ohrfeige, die er dreiunddreißig „einem hohen Beamten der damaligen neuen deutschen Regierung gegeben hatte" (S. 8, Z. 8f.). Eine Tatsache, bei der sich Dürrenmatt eines ironischen Kommentars über seine Schweizer Landsleute nicht enthalten kann (vergl. S. 8, Z. 9ff.). Bärlachs Erfolge in seinem Beruf liegen sicher auch in seiner Menschenkenntnis begründet. Es gelingt ihm, Menschen zum Reden zu bringen und ihnen dabei geduldig zuzuhören. Des Schriftstellers lange Beschreibung von Gastmanns Kochkunst läßt Tschanz fast verzweifeln, Bärlach hingegen lauscht begeistert und ergänzt die Ausführungen (vergl. S. 78, Z. 5ff.). Um zu seinen Informationen zu kommen, ist Bärlach auch bereit zu schmeicheln. So bringt er Clenin, der eigentlich einen Tadel wegen seines Handelns erwartet, durch ein Lob zum Reden (vergl. S. 15, Z. 29ff.).

Bärlach kann zwar keine gesellschaftlichen Erfolge wie Gastmann vorweisen, ist aber im kriminalistischen Bereich ebenso dominierend wie Gastmann im außerkriminalistischen. Genauso wie Gastmann ist Bärlach mächtig, gelassen und überlegen und gleicht einem „Tiger, der mit seinem Opfer spielt" (S. 113, Z. 2f.). Nebenbei sei erwähnt, daß Bärlach Fontane liest (vergl. S. 99, Z. 25f.), eine Tatsache, die im Zusammenhang mit dem Vergleich von „Der Richter und sein Henker" und „Unterm Birnbaum" eine Nachfrage wert sein könnte.

Bärlachs und Gastmanns Charakter

Es zeigt sich, daß Bärlach und Gastmann im Verhalten durchaus ähnliche Züge aufweisen. Daher ist es nicht verwunderlich, daß die Charaktereigenschaften der beiden fast identisch sind. Weil dies so ist, kann Gastmann beim Gespräch über ihre erste Zusammenkunft sagen: „Wir liebten uns auf den ersten Blick" (S. 65, Z. 17 f.). Und so beginnt auch ihr gemeinsamer Lebensweg, wie es sich für Spielernaturen, die der Nervenkitzel reizt, gebührt: mit einer Wette (S. 64 ff.). Dieser charakterliche Grundzug setzt sich im ganzen Roman fort: Bärlach findet die Frage spannend, ob bei ihm ein Einbruch verübt worden sei (vergl. S. 25, Z. 9 f.). Gastmann fordert Bärlach sogar auf, den geladenen Revolver auf ihn zu richten, in der Erwartung, daß Bärlach diesen für entladen hält (S. 72, Z. 14 ff.). Zu diesen Spielernaturen gehören selbstverständlich starke Nerven, Mut und die Freude am Risiko. Gastmann beweist seine starken Nerven u. a. bei der Ausführung der Wette und den Verhören danach (vergl. S. 69, Z. 17 f.), Bärlach u. a. beim geplanten Kampf mit dem Hund (vergl. S. 33 f.). Und wie der Spieler immer begierig nach dem nächsten Spiel und dem nächsten risikovollen Nervenkitzel ist, sind Gastmann und Bärlach gierig nach Leben. Gastmann thematisiert diesen Lebenshunger, wenn er sagt: „ich war ... gierig, dieses mein einmaliges Leben ... kennenzulernen" (S. 65, Z. 15 ff.), während man Bärlachs Lebenshunger an der Gier erkennt, mit der er die „Speisen der Welt" in der Enthüllungsszene hinunterschlingt (vergl. S. 110 ff.). Daß beide des weiteren in hohem Maße selbstgerecht sind, zeigt sich im Umgang mit dem Gegner. Keinem von beiden kommt der Gedanke, daß sein Handeln falsch sein könnte. Beide sind fest davon überzeugt, daß sie das Recht haben, über den Kontrahenten zu herrschen und zu bestimmen. Dies geht so weit, daß sie glauben, über Leben und Tod des anderen entscheiden zu können (Gastmann: „Das nächste Mal werde ich dich töten ...", S. 100, Z. 14; Bärlach: „Du irrst dich ... ich habe dich zum Tode verurteilt ...", S. 100, Z. 16 ff.). So sind sich beide darin einig, daß ein gesetztes Ziel mit allen Mitteln erreicht werden muß. Daß sie dabei im wahrsten Sinne des Wortes über Leichen gehen, ist für sie kein Hindernis. Gastmann demonstriert dies, als er durch einen Mord die Wette gewinnt (S. 65 ff.), Bärlach kann sein Ziel, nämlich seiner Gerechtigkeit zum Sieg zu verhelfen, nur durch einen Mord erreichen (S. 116 f.).
Allerdings gibt es einen entscheidenden Punkt, der Bärlach und Gastmann trennt und sie zu lebenslangen Feinden macht: Während es Bärlachs Lebensaufgabe ist, Verbrechen zu bekämpfen und der Gerechtigkeit zum Sieg zu verhelfen, gibt es für Gastmann solche Begriffe wie Recht und Gerechtigkeit nicht. Sein Handeln wird durch seine Laune bestimmt und diese Laune der Spielernatur bewegte ihn dazu, ein ganzes Leben lang Verbrechen zu begehen, um mit Bärlach Katz und Maus zu spielen. Berücksichtigen muß man allerdings, daß der Rechtsbegriff für Bärlach nur eingeschränkt existiert, d. h. nicht im Umgang mit Gastmann.
Der Schriftsteller gibt eine treffende Zusammenfassung, die den Charakter Gastmanns, und davon ableitbar den Charakter Bärlachs, beschreibt: „So denke ich mir als Gastmanns Spiegelbild einen Menschen, der ein Verbrecher wäre, weil das Böse seine Moral, seine Philosophie darstellt, das er ebenso fanatisch täte, wie ein anderer aus Einsicht das Gute" (S. 82, Z. 30 ff.). Der Schriftsteller beschreibt hier – wie bereits erwähnt –, daß Gastmann nie, wie ein „normaler" Krimineller, das Böse tue, „um etwas zu erreichen"

(S. 82, Z. 13). Ihm gehe es nicht um Geld, Liebe oder Macht, er begehe ein Verbrechen nur, „wenn es sinnlos ist, vielleicht, denn bei ihm sind immer zwei Dinge möglich, das Schlechte und das Gute, und der Zufall entscheidet" (S. 82, Z. 15 ff.). Für Gastmann gibt es demnach keinen Unterschied zwischen Gut und Böse, diese Begriffe versteht er völlig wertfrei. Für ihn bedeutet also Freiheit die uneingeschränkte Wahl zwischen diesen Polen. Das einzige Kriterium für seine Entscheidung ist seine jeweilige Laune.

Für diesen Fanatiker der Freiheit, dem Gut und Böse nichts bedeuten, konstruiert der Schriftsteller ein Spiegelbild: einen Fanatiker des Bösen. Dieser tue das Böse um des Bösen willen, „weil das Böse seine Moral, seine Philosophie darstellt" (S. 82, Z. 31 f.). Der Schriftsteller glaubt sogar, daß ein solcher Mensch existiere (vergl. S. 82, Z. 25 ff.). Aber ebenso wie sich aus der einen Seite als Spiegelbild Gastmanns ein Fanatiker des Bösen konstruieren lassen kann, ebenso muß sich aus der anderen Seite Gastmanns ein Fanatiker des Guten herstellen lassen können. Der Schriftsteller deutet dies auch an, wenn er sagt, daß ein Mensch lebe, der das Böse ebenso fanatisch täte, „wie ein anderer aus Einsicht das Gute" (S. 82, Z. 33). Derjenige, der aus Einsicht das Gute tut, ist Bärlach. Er ist der Fanatiker des Guten und damit das Spiegelbild Gastmanns auf der positiven Seite. So wie Gastmann fanatisch für seine Philosophie der Freiheit kämpft, tut dies Bärlach für seine Philosophie, die auf die Einsicht in das Gute gründet. Wie beschrieben, trägt er dieselben Charakterzüge wie Gastmann, die sich nur – aber damit um so wesentlicher – in der Grundlage für die eigenen Handlungen unterscheiden. Daß Bärlach – wie jeder Fanatiker – dabei keine Grenzen kennt, um sein Ziel zu erreichen, zeigt sich, indem er für die Gerechtigkeit sogar ein Verbrechen, und damit eine Ungerechtigkeit, begeht.

Methodisches Vorgehen

In der gesamten Stunde muß auf eine exakte Arbeit am Text geachtet werden. Alle Aussagen, die die Schüler über Bärlach oder Gastmann treffen, müssen mit Zitaten belegt werden.

Phase 1

Die Stunde beginnt mit dem Ausfüllen des Steckbriefes von Gastmann (vergl. Arbeitsblatt 19). Auf der Kopiervorlage sind der Umriß eines Kopfes und Teile des Gesichtes bereits vorgegeben, so daß auch Schüler, deren Stärken weniger in Bildender Kunst liegen, mitarbeiten können. Die Zeichnung dient allerdings mehr der Motivation, wichtiger ist, daß auf dem Steckbrief äußerliche Merkmale Gastmanns festgehalten werden. Drei Schüler erhalten die Vorlage auf eine Overheadfolie kopiert, so daß die Ergebnisse durch Projektion gesichert werden können.

Phase 2

In dieser Phase werden die Steckbriefe durch die Mitschüler ergänzt und Aussagen über das Verhalten Gastmanns gesammelt. Die Ergebnisse werden in das Arbeitsblatt übernommen (vergl. Arbeitsblätter 19 und 20 – Lösung).

Phase 3

Das Aussehen und das Verhalten Bärlachs wird im dritten Teil der Stunde erarbeitet und Gastmann gegenübergestellt. Da dieser Auftrag durch die Hausaufgabe vorbereitet ist, dürfte er nur ein geringes Maß an Zeit beanspruchen. Allerdings sollten in dieser Unterrichtsphase bereits Vergleiche zwischen den Gegnern gezogen werden (vergl. Sachanalyse).

Phase 4

Im vierten Teil der Unterrichtsstunde sollen sich die Schüler in Partnerarbeit mit folgender Frage befassen: Welche Charaktereigenschaften lassen sich aus dem Verhalten von Gastmann und Bärlach erschließen bzw. finden sich im Text?
Die Klasse wird hierbei in zwei Hälften geteilt, wobei sich die eine Hälfte mit Bärlach beschäftigt, während sich die andere Hälfte Gastmann zuwendet.
Die Ergebnissicherung erfolgt durch Übertrag ins Arbeitsblatt 21. Hierbei ist darauf zu achten, daß sich einander entsprechende Charaktereigenschaften nebeneinander geschrieben werden (vergl. Lösungsvorschlag auf Arbeitsblatt 22). So wird es den Schülern leicht fallen, die Übereinstimmung zu erkennen und daraus auf den entscheidenden Unterschied zu schließen.

Phase 5

Die fünfte Unterrichtsphase bietet eine Art Zusammenfassung der Stunde. Anhand eines Zitates aus der Beschreibung Gastmann durch den Schriftsteller können nochmals die wesentlichen Charakterzüge Gastmanns sowie die seiner Spiegelbilder erarbeitet und an der Tafel festgehalten werden.

Hausaufgabe

Um den Schülern Gelegenheit zu geben, die Charakteristik zu wiederholen, wird ihnen folgende Aufgabe gestellt: Erstellt eine ausführliche Charakteristik von Bärlach oder Gastmann.

6. Stunde: Die Bedeutung der Wette (Inhalt)

Vorbemerkungen

Die Wette zwischen Bärlach und Gastmann ist sowohl Ausgangspunkt als auch Zentrum des Romans. Sie ist formal (11. von 21 Kapiteln) und inhaltlich Mittel- und Höhepunkt des Buches. Aufgrund dieser Bedeutung sollte ihre Interpretation in zwei Einzel- bzw. einer Doppelstunde erfolgen.
Innerhalb der ersten Stunde gilt es, wesentliche Inhalte der Wette herauszuarbeiten. Hierbei ist besonderer Wert auf die Ausgangspositionen der Wettpartner zu legen, um ihre unterschiedlichen Auffassungen zu verdeutlichen. Aus diesen Ergebnissen werden die Lebenseinstellungen Bärlachs und Gastmanns entwickelt, aus denen klar wird, wer die Wette gewonnen bzw. verloren hat. So zeigt sich auch, wie in „Der Richter und sein Henker“ Gerechtigkeit verwirklicht wird. Das Problem der Gerechtigkeit bildet den Schwerpunkt der zweiten Stunde. In einer intensiven Diskussionsphase sollen die Schüler Schuld bzw. Unschuld Bärlachs besprechen. Letztlich soll dies zu dem Urteil führen, daß im Roman Gerechtigkeit durch Selbstjustiz hergestellt wird.

Sachanalyse

Die Beziehung Bärlach – Gastmann bildet – wie bereits in der 3. Stunde „Die Handlungsstränge des Romans“ erarbeitet – den Haupterzählstrang des Romans. Die Bedeutung dieser Beziehung wird für den Leser aber erst bei Gastmanns Besuch bei Bärlach offensichtlich, während dessen die Wette rekonstruiert wird. Diese Wette, vor „über vierzig Jahren“ (S.65, Z.6) in der Türkei abgeschlossen, kettete Bärlach und Gastmann „für ewig zusammen" (S.70, Z.18).

Bei der Wette gehen Bärlach und Gastmann von ein und derselben Voraussetzung aus: Der Zufall spielt eine dominierende Rolle in unserer Welt. Von dieser These ausgehend, interpretieren sie die Folgen allerdings höchst unterschiedlich. Gastmann behauptet, daß „gerade die Verworrenheit der menschlichen Beziehungen es möglich mache, Verbrechen zu begehen, die nicht erkannt werden könnten" (S.67, Z.8ff.). Er spricht also dem Zufall (= Verworrenheit der menschlichen Beziehungen) die Verantwortung zu, daß Verbrechen unaufgeklärt bleiben (vergl. S.67, Z.7ff.). Bärlach hingegen behauptet, daß gerade der Zufall, „der Grund sei, der die meisten Verbrechen zwangsläufig zutage fördern müsse" (S.67, Z.3ff.).

Um die Richtigkeit seiner These zu beweisen, willigte Bärlach in die angebotene Wette ein, in der Gastmann behauptete, er könne in Gegenwart Bärlachs ein Verbrechen begehen, ohne daß dieser es später beweisen könne. Und in der Tat vollbrachte Gastmann in Gegenwart Bärlachs einen Mord, den dieser ihm nicht nachweisen konnte.

Aus der Wette und den zugrundeliegenden Thesen lassen sich die Rückschlüsse auf Bärlachs und Gastmanns Lebenseinstellung ziehen (vergl. auch Stunde 5: „Charakteristik der Hauptpersonen"). Gastmann lehnt jede Ordnung ab. Was zählt, ist nur seine eigene Person, sein eigener Wille. Er verlangt unbeschränkte Freiheit, um sich je nach Lust und Laune selbst zu verwirklichen und das Leben zu genießen. Daß er dies auch auf Kosten anderer tut, ja sich über diese lustig macht, um seinen Spaß zu haben, belegt sein Umgang mit Bärlach. „Immer wieder tauchte (er) in (Bärlachs) Laufbahn auf wie ein graues Gespenst, immer wieder trieb (ihn) die Lust, unter (Bärlachs) Nase sozusagen immer kühnere, wildere, blasphemischere Verbrechen zu begehen, und immer wieder (ist Bärlach) nicht imstande gewesen, (diese) Taten zu beweisen" (S.69, Z.33ff.).

Bärlach hingegen glaubt an die positive Macht des Zufalls, die hilft, die bestehende Ordnung zu stabilisieren. Nach seiner Meinung sind Menschen keine Schachfiguren, die man nach Belieben hin- und herschieben kann. Menschen können nicht funktionalisiert werden.

Daß die Entscheidung, welche der beiden Lebenseinstellungen die überlegene ist, durch eine Wette gefällt wird, entlarvt beide Kontrahenten als Spieler.

Es bleibt noch die Frage, wer die Wette gewonnen hat. Bei Schülern könnte der Eindruck entstehen, daß am Ende des Romans Bärlach der Gewinner der Wette ist, denn schließlich wurde Gastmann bestraft, und der Gerechtigkeit damit Genüge getan. Dieser vordergründigen Argumentation kann leicht widersprochen werden. Bärlach ist in zweifacher Hinsicht der klare Verlierer der Wette. Erstens ist es ihm bis an Gastmanns Lebensende nicht gelungen, diesem den Mord in der Türkei zu beweisen. Zweitens widerlegt Bärlach seine eigene These, es sei unmöglich, „mit Menschen wie mit Schachfiguren zu operieren" (S.67, Z.6 f.), indem er, einem „unerbittlichen Schachspieler" (S.114, Z.20) gleich, Tschanz wie eine Spielfigur benutzte.

Daß Bärlach am Schluß überlebt, hat er nur der Tatsache zu verdanken, daß er eine Untat begeht, indem er Gerechtigkeit mit ungerechten Maßnahmen durchsetzt, was bedeutet, daß das Böse nur durch das Böse besiegt werden kann.

Für die sogenannte „Wette" (S.67, Z.18 ff.) ist noch eine Besonderheit zu berücksichtigen: Vordergründig erfüllt sie die

drei Kriterien einer wirklichen Wette nicht ganz. Zwar handelt es sich bei der Absprache Bärlach – Gastmann
1. um eine gegenseitige Vereinbarung von mindestens zwei Personen,
2. treffen widersprechende Meinungen aufeinander,

aber es fehlt als wichtiges Element
3. die versprochene Leistung.

Die Kontrahenten treffen keine Absprache, in der sie eine die Wette mit konstituierende „Wenn-dann-Beziehung" festhalten (z. B.: von seiten Gastmanns: „wenn ich das Verbrechen begehe und du es mir nicht nachweisen kannst, dann mußt du mir tausend Mark bezahlen.").
Dies macht deutlich, daß es den Wettpartnern nicht auf materielle Werte ankommt, denn bei der Wette geht es um mehr als Geld.
Die „Wenn-dann-Beziehung" ist nämlich implizit in der Abmachung enthalten, denn zwischen beiden Partnern herrscht stillschweigendes Einvernehmen, daß die Lebenseinstellung des Gewinners der Wette die richtige ist: das Prinzip der unbedingten Gerechtigkeit, das alles ans Tageslicht bringt, oder das Prinzip des Verbrechens, bei dem alles im Verborgenen bleibt.
Daß Bärlach und Gastmann diese wichtige Frage durch eine Wette, also ein Spiel, klären wollen, verdeutlicht ihre Charaktereigenschaft als Spieler: Für sie ist der Triumph um so größer, je größer das Risiko ist, mit dem er erstritten wird.
Bärlach allerdings erweist sich als schlechter Spieler und Verlierer. Er kann Gastmann den Mord nicht beweisen und hat damit die Wette verloren. Statt daß er dies anerkennt und zumindest für diesen einen Fall Gastmanns Überlegenheit akzeptiert, verfolgt er ihn ein Leben lang und richtet ihn am Ende des Romans.

Methodisches Vorgehen

Phase 1

Die Stunde beginnt mit einer Wette des Lehrers gegen einen oder mehrere Schüler: „Ich wette, daß du/ihr von deinem/eurem Platz aus mit dem Tennisball (Papierkugel, Schwamm oder ähnlichem) nicht in den Papierkorb triffst/trefft." Der Lehrer kann hierbei bewußt auf die Nennung eines Wetteinsatzes verzichten. Sollte dies nicht bereits die spontane Frage: „Um was wetten wir?" hervorrufen, wird spätestens nach gewonnener Wette der Sieger seinen Gewinn einfordern. Aus dieser Situation läßt sich leicht die Dreiteilung einer Wette erarbeiten (vergl. oben).
Es wird deutlich, daß in der ersten Unterrichtsphase einerseits die Schüler durch die Wette gegen den Lehrer sehr motiviert werden, andererseits werden Grundlagen für den weiteren Unterrichtsverlauf gelegt.

Phase 2

Anhand der in Phase eins gewonnenen Grundlagen wird die Wette zwischen Bärlach und Gastmann thematisiert. Zunächst sollte eine deutliche inhaltliche Klärung erfolgen, wobei der Schwerpunkt auf der gemeinsamen Ausgangsbasis und den widersprüchlichen Meinungen liegen muß. Hier ist eine intensive Phase der Textarbeit anzustreben. Das Ergebnis dieser Phase ist der Tafelanschrieb 1.

Phase 3

Aus der Grundkonstellation der Wette ergeben sich die unterschiedlichen Lebenseinstellungen von Gastmann und Bärlach. Auch diese sollten im Unterrichtsgespräch erarbeitet und durch Textstellen belegt werden, was zum oberen Abschnitt von Tafelanschrieb 2 führt.

Phase 4

Wichtig ist, daß als Ergebnis dieses Abschnittes Bärlach als Verlierer der Wette genannt wird, daß die Gründe für diese Niederlage deutlich werden und die Mittel erarbeitet werden, die er einsetzt, um sein Ziel doch noch zu erreichen (vergl. Fazit bei Tafelanschrieb 2).

Phase 5

Zum Abschluß der Stunde soll nochmals auf die zu Stundenbeginn thematisierte Dreiteilung der Wette eingegangen werden. Den Schülern sind die drei Bedingungen noch in Erinnerung, daher wird es ihnen nicht schwer fallen zu erkennen, daß bei der Wette zwischen Bärlach und Gastmann die versprochene Leistung fehlt. Diese ist allerdings implizit in der Abmachung enthalten und wird von beiden Wettpartnern vor der Wette akzeptiert. Indem Bärlach nach der verlorenen Wette seine Meinung ändert, zeigt er sich als schlechter Spieler und Verlierer.

Hausaufgabe

Lies den Text „Prüfungsfrage“ von Peter Handke (Arbeitsblatt 23). Sprich ein Urteil und begründe es. Bedenke dabei, daß jedes Urteil einen Präzedenzfall für die weitere Rechtsprechung liefert.
Wird die Wette in einer Doppelstunde behandelt, sollte dieser Text innerhalb der Stunde als Einzelarbeit behandelt werden.

7. Stunde: Die Bedeutung der Wette (Schuldfrage, Funktion)

Vorbemerkungen

Nachdem es in der vorangegangenen Stunde in erster Linie um die Klärung des Sachverhaltes „Wette“ und die Erarbeitung der Lebenseinstellung der Hauptfiguren ging, soll in dieser Stunde das Problem der Schuld und der Gerechtigkeit eingehend erörtert werden.

Sachanalyse

Bärlachs Vorgehen bietet Stoff für ausgiebige Diskussionen. Es ist sicher nicht abzustreiten, daß Gastmann ein gefährlicher Mensch und zu „jedem Verbrechen fähig“ (S. 81, Z. 28) ist. Dabei ist es ohne Bedeutung, ob er diese Verbrechen nur aus einer Laune heraus begeht oder um Macht oder Geld zu gewinnen. Auch spielt es keine Rolle, daß Gastmann durchaus auch Gutes getan hat.
Bei seinen Verbrechen geht Gastmann so geschickt vor, daß weder Bärlach noch sonst ein Polizist der Welt ihm etwas beweisen kann. Das Frustrierende für Bärlach dabei ist, daß Gastmann immer kühnere Verbrechen begeht, und es dem Kommissär dennoch nicht gelingt, Gastmann zu verhaften. So provoziert ihn Gastmann immer mehr („Die Dummköpfe konntest du besiegen, aber ich besiegte dich“, S. 70, Z. 2 f.). Trotz dieser Angriffe und vieler Mißerfolge versucht Bärlach bis ans Ende seines Lebens, Gastmann mit legalen Mitteln zu fassen. Als Tschanz ihm diese letzte Möglichkeit durch den Mord an Schmied nimmt, bleibt für Bärlach nur noch der illegale Weg, um Gastmann zur Strecke zu bringen. Schließlich

ist es ihm gelungen, Gastmann zu bestrafen, eine Strafe, die dieser aufgrund seiner unzähligen Verbrechen längst verdient hätte. Damit ist der Gerechtigkeit Genüge getan.
Zu einem solchen Ergebnis könnten Schüler kommen, insbesondere wenn sie aus einem sehr emotionalen Blickwinkel argumentieren. Sie plädieren also für die Unschuld Bärlachs.
Sicher werden andere Schüler die Sachlage objektiver beurteilen und Bärlach schuldig sprechen. Wie gesagt ist Gastmann zwar ein Verbrecher, trotzdem gilt immer noch der Grundsatz, daß man nur für die Taten bestraft werden kann, die man auch begangen hat. Bärlach ist mitschuldig daran, daß Gastmann den Mord in der Türkei begangen hat. Er nimmt die Wette an, im Glauben, niemand könne sie ausführen. Indem er dem Wettvorschlag nicht widerspricht, stiftet er Gastmann zu diesem Verbrechen an.
Außerdem maßt sich Bärlach, der Vertreter der Exekutive, an, in Selbstjustiz die Richterfunktion zu übernehmen. Er glaubt sich berechtigt, Gastmann zum Tode verurteilen zu dürfen, und bestraft ihn für eine Tat, die dieser gar nicht begangen hat.
Des weiteren manipuliert Bärlach seinen Untergebenen Tschanz, indem er ihn so in die Enge treibt, daß dieser keinen anderen Ausweg mehr weiß, als Gastmann zu töten. Danach stellt er ihn in der Enthüllungsszene bloß, mit der Folge, daß Tschanz wahrscheinlich Selbstmord begeht.
Damit ergibt sich als Fazit aus diesen Betrachtungen, daß – zumindest in diesem Fall – Gerechtigkeit nur durch Selbstjustiz, also Ungerechtigkeit, hergestellt werden kann, was bedeutet, daß es keine Gerechtigkeit gibt.
Die Funktion der Wette im Roman läßt sich folgendermaßen zusammenfassen:

- Die Wette bildet das Zentrum des Romans.
- Die Wette ist der Höhepunkt, da sie die Vorgeschichte des Haupthandlungsstranges darlegt und die zwei Hauptpersonen sich begegnen.
- Durch die Wette wird ein wichtiger Charakterzug Bärlachs verdeutlicht: Es geht ihm darum, die Wette zu gewinnen und damit seiner Lebensauffassung zum Sieg zu verhelfen. Dabei ist es Bärlach selbst, der durch seine Handlungen die Richtigkeit seiner Überzeugung widerlegt.

Methodisches Vorgehen

Phase 1

In der Hausaufgabe haben die Schüler den Handke-Text „Prüfungsfrage" vorbereitet und sich Gedanken über ein mögliches Urteil gemacht. Dabei ist ihnen sicherlich deutlich geworden, daß es nicht immer einfach ist, in einer Gerichtsverhandlung das Urteil „schuldig" bzw. „unschuldig" zu sprechen.
Die Stunde beginnt mit dem ersten Urteilsspruch der Klasse. An der Tafel wird festgehalten, wie viele Stimmen für „schuldig" und wie viele Stimmen für „unschuldig" plädieren.
Darauf folgt die Besprechung des Textes, wobei beide Parteien ihre Argumente vortragen sollen. Zum Abschluß der Besprechung wird nochmals abgestimmt und dieses Ergebnis mit dem Ergebnis der ersten Abstimmung verglichen. Zudem wird eine juristische Beurteilung dieses Falles geliefert, um die Schüler für die Problematik „Recht vs. Gerechtigkeit" zu sensibilisieren (vergl. Arbeitsblatt 24, insbesondere Punkt IV). Diese sollte in der Langform (vergl. Arbeitsblatt 24) oder Kurzform (vergl. Stundenblatt S. 25) den Schülern vorgelesen werden.

Phase 2

Nachdem die Schüler das Problem der Schuld an einem relativ einfachen Beispiel besprochen haben, erfolgt der Transfer zur Schuldfrage Bärlachs. In Gruppenarbeit sollen mehrere Gruppen eine Gerichtsverhandlung vorbereiten, wobei ein Teil der Schüler die Anklage vertritt und die Frage: „Wodurch macht sich Bärlach schuldig?“ behandelt. Andere Gruppen sind für die Verteidigung zuständig und beantworten die Frage: „Welche Gesichtspunkte sprechen für die Unschuld Bärlachs?“ Diese Gruppenarbeit kann – je nach Leistungsstand, Motivation oder vorhandener Zeit – in Form eines Rollenspieles als Gerichtsverhandlung ausgewertet werden, wobei die nichtbeteiligten Gruppen als Geschworene zu einer unparteiischen Urteilsfindung vereidigt werden. Alternativ können die Ergebnisse der Gruppen auch in einem Tafelanschrieb festgehalten werden.

Das Ergebnis der Diskussion bzw. der Gerichtsverhandlung ist kaum vorherzusagen und hängt entscheidend vom Reifegrad und der Einsicht in komplexe Sachverhalte bei den Schülern ab. In Zeiten einer zunehmenden Ellbogenmentalität und Ichzentriertheit kann es nicht verwundern, wenn Bärlachs Handlungsweise gerechtfertigt wird, hat er doch nur dafür gesorgt, daß ein Verbrecher bestraft wurde. Daß die Strafe in keinem Zusammenhang mit dem Verbrechen steht, ist lediglich eine Nebensächlichkeit. Es bleibt zu hoffen, daß einige Schüler Bärlach schuldig sprechen, da er direkt oder indirekt mehrere Personen zu Morden angestiftet und, aus Ehrgeiz, die Wette zu gewinnen, Selbstjustiz geübt hat.

In dieser Phase sollte der Diskussion um Recht, Gerechtigkeit, Schuld, Unschuld und Selbstjustiz ein breiter Raum eingeräumt werden.

Phase 3

Zum Abschluß der Stunde wird als Zusammenfassung nochmals die Funktion der Wette rekapituliert und als Tafelanschrieb festgehalten.

Sollte zu einer abschließenden Diskussion des Romans noch etwas Zeit sein, könnte diese durch Dürrenmatts Aussage eingeleitet werden: „Die Menschheit hat eine Diät nötig und nicht eine Operation.“ (F. Dürrenmatt: Theaterschriften und Reden, S. 81).

Eine Aussage, die geradezu auf Bärlach zugeschnitten ist, der nicht bereit ist, gesund zu leben, das Rauchen aufzugeben und Diät zu halten.

Für Bärlach bleibt am Ende „nur noch ein Jahr“ (S. 118, Z. 15) – eine lächerlich kurze Zeitspanne, die der Menschheit zu denken geben müßte.

Klassenarbeiten

Viele Schüler – insbesondere diejenigen mit schwächeren Leistungen – betrachten die Bewertung ihrer Arbeiten im Fach Deutsch als Glücksache. Behauptungen wie: „Der/die kann mich nicht leiden, also bekomme ich eine schlechte Note, dafür kann er/sie XY besser leiden. Also bekommt XY eine bessere Note, obwohl unsere Arbeiten fast wörtlich übereinstimmen.“ Diesen festgefügten Vorurteilen kommt man häufig mit Argumenten nicht mehr bei. Das Fach Deutsch, dessen Noten „gewürfelt“ werden, wird mit dem angeblich „objektiven“ Fach Mathematik verglichen und schneidet dabei in der Schülermeinung immer schlechter ab.

In einigen der folgenden Klassenarbeiten soll daher versucht werden, die erwarteten Ergebnisse so präzise wie möglich zu formulieren, um die optimalen Antworten

im Erwartungshorizont vorzugeben und mit Hilfe von Punkten zu bewerten. Dies gilt auch für Stil und Form der Arbeit. Mit Hilfe dieses Rasters kann man den Schülern deutlich belegen, welche Anforderungen der Arbeit sie erfüllt haben.
Die drei folgenden Vorschläge für Klassenarbeiten (Kopiervorlagen s. S. 63–65) haben unterschiedliche Schwerpunkte:

Klassenarbeit 1 (s. S. 63): Die Arbeit dient als Kontrolle, inwieweit die Schüler den Unterrichtsstoff verstanden und verarbeitet haben. Es soll darum gehen, im Unterricht behandelte Themen in eigenen Worten darzustellen und abzugrenzen. Arbeitszeit: 45–60 Minuten.

Klassenarbeit 2 (s. S. 64): Die Arbeit soll aufzeigen, inwieweit die Schüler in der Lage sind, einen Transfer ihres Wissens und Könnens zu leisten. Der vorgegebene Textausschnitt wurde im Unterricht nicht behandelt, demnach müssen die Schüler die ihnen geläufigen Möglichkeiten der Interpretation auf einen unbekannten Text übertragen. Arbeitszeit: 45–60 Minuten.

Klassenarbeit 3 (s. S. 65): Es handelt sich hierbei um eine Kombination von Arbeit 1 und 2, die den Schülern die Chance bietet, durch ihre konkret zum „Richter und sein Henker“ erworbenen Kenntnisse im Unterricht eine befriedigende bis ausreichende Note zu schreiben, diese Note kann durch den Transfer der Kenntnisse auf ein unbekanntes Gebiet noch verbessert werden. Arbeitszeit: 90–120 Minuten.

Bei allen Klausuren ist das korrekte Zitieren eine bedeutende Komponente. Die Schüler müssen ihre Interpretationsergebnisse am Text belegen können. Sie sind somit gezwungen, ihre Überlegungen anhand der Vorlage zu überprüfen und den getroffenen Feststellungen die nötige Grundlage zu geben.

Allen Arbeiten liegt – entsprechend der oben geäußerten Gedanken – ein Punkteschema zugrunde, das die Leistung möglichst objektiv wiedergeben soll. Hierzu dient auch die unterschiedliche Gewichtung der einzelnen Fragen. Die Benotung der Klassenarbeit wird durch Erwartungshorizonte mit genauer Punkteaufschlüsselung erleichtert (vergl. S. 66 bis S. 75), in denen exakt festgehalten werden kann, welche Teile der Antwort erfüllt sind.
Zur Erfassung der Form- und Stilkomponente werden Zusatzpunkte vergeben. Es werden hierzu alle Korrekturzeichen (R, Z, Sb, A, St, Gr usw.) gezählt und die durchschnittliche Fehlerzahl pro Seite errechnet. Die Punkte werden dann entsprechend der Skalen vergeben (vergl. S. 76 bis 78).
Selbstverständlich können diese Arbeiten auch ohne das vorgegebene Punktschema nach den je eigenen Korrekturkriterien beurteilt werden.

Als Hilfsmittel darf bei jeder der drei Klassenarbeiten eine unkommentierte Ausgabe des Romans „Der Richter und sein Henker“ benutzt werden.

Klassenarbeit Nr. ______ in Deutsch

Name: ______________________ **Klasse:** ________ **Datum:** ____________________

1. Aufgabe

Textgrundlage:

„Der Alte saß …“ (S. 65, Z. 29) bis
„Sie schwiegen.“ (S. 67, Z. 31)

Erläutere die Aussagen dieses Textausschnittes, und zeige die Bedeutung der Wette für den gesamten Roman.

(19 Punkte)

2. Aufgabe

Zeige anhand des Vorgehens bei der Aufklärung des Mordes die kriminalistischen Auffassungen von Bärlach und Tschanz.

(14 Punkte)

Erinnere dich bitte daran, daß du alle deine Aussagen mit Zitaten belegen mußt.

Insgesamt können zusätzlich 2,5 Stilpunkte erreicht werden.

Viel Erfolg!

Klassenarbeit Nr.______ in Deutsch

Name: ________________ **Klasse:** ______ **Datum:** ________________

Textgrundlage:

„Bärlach war ein guter Tierkenner …" (S. 32, Z. 27) bis „… das Biest hätte Sie zerrissen, Kommissär" (S. 33, Z. 35).

Ordne diese Textstelle in den Gesamtzusammenhang ein.

(5 Punkte)

Zeige, daß diese Textstelle eine Kurzinhaltsangabe des gesamten Romanes darstellt.

(19 Punkte)

Erinnere dich bitte daran, daß du alle deine Aussagen mit Zitaten belegen mußt.

Insgesamt können zusätzlich 2 Stilpunkte erreicht werden.

Viel Erfolg!

Klassenarbeit Nr. ______ in Deutsch

Name: ____________________ **Klasse:** ________ **Datum:** ____________________

1. Aufgabe

Textgrundlage:

„Der Alte saß …“ (S. 65, Z. 29) bis
„Sie schwiegen.“ (S. 67, Z. 31)

Erläutere die Aussagen dieses Textausschnittes, und zeige die Bedeutung der Wette für den gesamten Roman.

(19 Punkte)

2. Aufgabe

Zeige anhand des Vorgehens bei der Aufklärung des Mordes die kriminalistischen Auffassungen von Bärlach und Tschanz.

(14 Punkte)

3. Aufgabe

Textgrundlage:

„Bärlach war ein guter Tierkenner …“ (S. 32, Z. 27) bis
„… das Biest hätte Sie zerrissen, Kommissär.“ (S. 33, Z. 35)

Ordne diese Textstelle in den Gesamtzusammenhang ein.

(5 Punkte)

Zeige, daß diese Textstelle eine Kurzinhaltsangabe des gesamten Romanes darstellt.

(19 Punkte)

Erinnere dich bitte daran, daß du alle deine Aussagen mit Zitaten belegen mußt.

Insgesamt können zusätzlich 4,5 Stilpunkte erreicht werden.

Viel Erfolg!

Erwartungshorizont: F. Dürrenmatt „Der Richter und sein Henker“ (Klassenarbeit 1)

1. Aufgabe: Erläutere die Aussagen dieses Textausschnittes (S. 65, Z. 29 – S. 67, Z. 31), und zeige die Bedeutung der Wette für den gesamten Roman.

Name, Vorname	**Punkte für Aussagen: (7)** **jeweils 0,5 Punkte**	**Gastmann:** Verworrenheit der menschl. Beziehung, Zufall ermöglicht Verbrechen	**Zitat:** S. 67, Z. 9f.	**Gastmann:** perfektes Verbrechen ist nicht nur möglich,	**Zitat:** S. 67, Z. 11f.	**Gastmann:** sondern Verbrechen wird überhaupt nicht bemerkt	**Zitat:** S. 67, Z. 12

Bärlach: menschliche Unvollkommenheit erzwingt die Aufklärung von Verbrechen	**Zitat:** S. 65, Z. 35ff.	**Bärlach:** Zufall ermöglicht die Aufklärung von Verbrechen	**Zitat:** S. 67, Z. 2f.	**Bärlach:** perfektes Verbrechen ist nicht möglich,	**Zitat:** S. 67, Z. 5f.	**Bärlach:** da Menschen keine Schachfiguren sind	**Zitat:** S. 67, Z. 6f.

Erwartungshorizont: F. Dürrenmatt „Der Richter und sein Henker“ (Klassenarbeit 1)

1. Aufgabe (Forts.): Erläutere die Aussagen dieses Textausschnittes (S. 65, Z. 29 – S. 67, Z. 31), und zeige die Bedeutung der Wette für den gesamten Roman.

Name, Vorname	**Punkte für Bedeutung: (12)** **jeweils 1 Punkt**	Wette ist Grundlage, Ausgangspunkt des Romans, worauf die Handlung aufbaut	**Zitat:** S. 65, Z. 25ff.	Erzählung der Wette ist Zentrum des Romans	**Anordnung:** Vergleich Mitte des Textes, Seitenzahl	Erzählung der Wette ist Höhepunkt des Romans	**Zitat:** S. 67, Z. 29

durch die Wette soll „richtige“ Lebensauffassung herausgefunden werden	**Zitat:** S. 69, Z. 30f.	Bärlach unternimmt alles, um sich für die Niederlage zu rächen	**Zitat:** S. 64, Z. 31f.	die Wette stellt die Frage nach Recht, Gerechtigkeit und Schuld	**Zitat:** S. 69, Z. 33ff.

Erwartungshorizont: F. Dürrenmatt „Der Richter und sein Henker“ (Klassenarbeit 1)

2. Aufgabe: Zeige anhand des Vorgehens bei der Aufklärung des Mordes die kriminalistischen Auffassungen von Bärlach und Tschanz.

Name, Vorname	**Punkte für Bärlachs Auffassung:** **(7,5)**	Verbrechen soll geheim bleiben **(0,5)**	**Zitat:** S. 8, Z. 16f. **(0,5)**	Bärlach betrachtet die Leiche nicht **(0,5)**	**Zitat:** S. 20, Z. 16f. **(0,5)**	Bärlach liest keine Protokolle **(0,5)**	**Zitat:** S. 20, Z. 18 **(0,5)**

Bärlach sammelt keine Beweise, wartet bis Indizien seinen Verdacht rechtfertigen **(0,5)**	**Zitat:** S. 22, Z. 3f. **(0,5)**	Bärlach treibt Verbrecher in die Falle **(0,5)**	**Zitat:** S. 113, Z. 22 **(0,5)**	Bärlach lehnt moderne kriminalistische Methoden ab **(0,5)**	**Zitat:** S. 18, Z. 6ff. **(0,5)**	**Fazit:** alter Kriminalist, der auf langjährige Erfahrung und nicht auf moderne wissenschaftliche Kriminalistik vertraut, dessen sonderbare Ansichten z. T. aber durch seine Kenntnisse erklärbar sind **(1,5)**

Erwartungshorizont: F. Dürrenmatt „Der Richter und sein Henker“ (Klassenarbeit 1)

2. Aufgabe (Forts.): Zeige anhand des Vorgehens bei der Aufklärung des Mordes die kriminalistischen Auffassungen von Bärlach und Tschanz.

Name, Vorname	**Punkte für Tschanz' Auffassung:** (6,5)	Tschanz ist kriminalistisch auf der Höhe (0,5)	**Zitat:** S. 15, Z. 15ff. (0,5)	Tschanz rekonstruiert Verbrechen (0,5)	**Zitat:** S. 19, Z. 31ff. (0,5)	Tschanz liest Protokolle (0,5)	**Zitat:** S. 20, Z. 18 (0,5)

Tschanz stellt Nachforschungen an **(0,5)**	**Zitat:** S. 27, Z. 1f. **(0,5)**	Tschanz ist ungeschickt im Verhör **(0,5)**	**Zitat:** S. 78, Z. 26 **(0,5)**	**Fazit:** Tschanz ist ein junger, karrierebewußter Mann, der mit den Methoden der modernen Kriminalistik vorgeht, und mit allen Mitteln versucht, nach oben zu kommen, dem dazu aber das Talent fehlt. **(1,5)**

Erwartungshorizont: F. Dürrenmatt „Der Richter und sein Henker“ (Klassenarbeit 2)

Aufgabe: Ordne diese Textstelle (S. 32, Z. 27–S. 33, Z. 35) in den Gesamtzusammenhang ein. Zeige, daß diese Textstelle eine Kurzinhaltsangabe des gesamten Romans darstellt.

Name, Vorname	**Gesamtpunkte:** **(24)**	**Einordnung:** – Bei der Untersuchung des Mordfalles Schmied überprüfen B. und T. das Haus von G. – Dabei wird B. von einem Hund angefallen – Später zeigt sich, daß B. und G. sich kennen (Wette) – B. konnte G. Verbrechen nie nachweisen und bestraft ihn nun für den Mord an Schmied – Als Henker dient Tschanz, der Schmied aus Neid ermordet hat **(5)**	B. kennt Gastmann genau **(1)** **Zitat:** S. 32, Z. 27 **(1)**	G. ist für B. ein riesenhafter Gegner **(1)** **Zitat:** S. 32, Z. 27f. **(1)**

B. ist von G. in Bann gezogen **(1)** **Zitat:** S. 33, Z. 9f. **(1)**	B. verfolgt G.s Handeln genau, ohne agieren zu können **(1)** **Zitat:** S. 33, Z. 6ff. **(1)**	B. will G.s Verbrechen beweisen **(1)** **Zitat:** S. 33, Z. 9ff. **(1)**	B wird durch G. fast vernichtet **(1)** **Zitat:** S. 33, Z. 14f. **(1)**	B. kann G. mit Hilfe von Tschanz besiegen, **(1)** **Zitat:** S. 35, Z. 1 **(1)**	sonst hätte Gastmann Bärlach besiegt **(1)** **Zitat:** S. 33, Z. 35 **(1)**	**Fazit:** Situation Bärlach-Hund in dieser Szene entspricht Situation Gastmann-Bärlach im Roman **(3)**

Erreichbare Punktzahl in Klassenarbeit 1:

1. Aufgabe:	19 Punkte	
2. Aufgabe:	14 Punkte	
Zusatzpunkte:	+ 2,5 Punkte	bei durchschnittlich unter 1 Fehler pro Seite (R, Z, A, Sb, Gr usw.)
	+ 1,5 Punkte	bei durchschnittlich unter 2 Fehlern pro Seite
	+ 0,5 Punkte	bei durchschnittlich unter 3 Fehlern pro Seite
	+ 0 Punkte	bei durchschnittlich mehr als 3 Fehlern pro Seite
Gesamtpunktzahl:	35,5 Punkte	

Notenverteilung

Punkte	Note	Punkte	Note
0 – 10	6	23 – 25	3
10,5 – 12,5	5–6	25,5 – 27,5	2–3
13 – 15	5	28 – 30	2
15,5 – 17,5	4–5	30,5 – 32,5	1–2
18 – 20	4	33 – 35,5	1
20,5 – 22,5	3–4		

Erreichbare Punktzahl in Klassenarbeit 2

	24 Punkte	
Zusatzpunkte:	+ 2 Punkte	bei durchschnittlich unter 1 Fehler pro Seite (R, Z, A, Sb, Gr usw.)
	+ 1,5 Punkte	bei durchschnittlich unter 2 Fehlern pro Seite
	+ 1 Punkt	bei durchschnittlich unter 3 Fehlern pro Seite
	+ 0 Punkte	bei durchschnittlich mehr als 3 Fehlern pro Seite
Gesamtpunktzahl:	26 Punkte	

Notenverteilung

Punkte	Note	Punkte	Note
0 – 6	6	16,5 – 18	3
6,5 – 8	5–6	18,5 – 20	2–3
8,5 – 10	5	20,5 – 22	2
10,5 – 12	4–5	22,5 – 24	1–2
12,5 – 14	4	24,5 – 26	1
14,5 – 16	3–4		

Erwartungshorizont: F. Dürrenmatt „Der Richter und sein Henker“ (Klassenarbeit 3)

Der Erwartungshorizont der Klassenarbeit 3 ergibt sich aus der Kombination der Erwartungshorizonte von Klassenarbeit 1 und 2.
Die Punkteskala für die Bewertung der Antworten bleibt bestehen, ebenso gibt es wiederum Zusatzpunkte für Stil und Form. Es ändert sich die Notenverteilung wie folgt:

Erreichbare Punktzahl

1. Aufgabe:	19 Punkte	
2. Aufgabe:	14 Punkte	
3. Aufgabe:	24 Punkte	
Zusatzpunkte:	+ 4,5 Punkte	bei durchschnittlich unter 1 Fehler pro Seite (R, Z, A, Sb, Gr usw.)
	+ 3 Punkte	bei durchschnittlich unter 2 Fehlern pro Seite
	+ 1,5 Punkte	bei durchschnittlich unter 3 Fehlern pro Seite
	+ 0 Punkte	bei durchschnittlich mehr als 3 Fehlern pro Seite
Gesamtpunktzahl:	61,5 Punkte	

Notenverteilung

Punkte	Note
0 – 16	6
16,5 – 20,5	5–6
21 – 25	5
25,5 – 29,5	4–5
30 – 34	4
34,5 – 38,5	3–4

Punkte	Note
39 – 43	3
43,5 – 47,5	2–3
48 – 52	2
52,5 – 56,5	1–2
57 – 61,5	1

Vergleich: „Unterm Birnbaum“ – „Der Richter und sein Henker“

1. Vergleichsstunde: Erzählperspektiven im Roman

Vorbemerkungen

Ziel dieser Stunde ist es, grundlegende Fachbegriffe zur Beschreibung erzählender Literatur zu erlernen bzw. zu wiederholen. Bereits in der zweiten Stunde zu Dürrenmatts „Der Richter und sein Henker“ haben wir uns mit der Zeitgestaltung im Roman und der Perspektive, aus der der Erzähler das Geschehen beschreibt, beschäftigt. In dieser Stunde sollen die damals gelernten Fachtermini (Erzählzeit, erzählte Zeit, auktorialer Erzähler) wiederholt und durch weitere Fachbegriffe ergänzt werden.

Sachanalyse

In der zweiten Stunde zu Dürrenmatts „Der Richter und sein Henker“ haben die Schüler bereits die Begriffe Erzählzeit (Dauer des Lesens), erzählte Zeit (zeitlicher Umfang der erzählten Handlung) und die auktoriale Erzählperspektive kennengelernt. Diese Sicht auf das Geschehen ist gekennzeichnet durch einen allwissenden Erzähler. Er überschaut die Erzählung und kann daher ihre Elemente ordnen. Da er über dem Erzählten steht, kann er sich mit Kommentaren und Vorausblicken in die Erzählung einmischen und kennt die Gedanken und Gefühle der Personen. Sowohl Dürrenmatts „Der Richter und sein Henker“ als auch Fontanes „Unterm Birnbaum“ sind in dieser Erzählperspektive geschrieben. Da beide Autoren für ihre Werke diese Perspektive gewählt haben, genügte uns allein ihre Kenntnis, um die Romane zu beschreiben. Die Schüler sollen nun noch mit weiteren Erzählperspektiven bekanntgemacht werden.

Bei der personalen Erzählperspektive sieht der Erzähler die Geschehnisse aus dem Blickwinkel einer oder mehrerer Personen, die im Roman mitwirken. Er steht damit also innerhalb der Erzählung und dem Leser wird seine Anwesenheit nicht mehr bewußt. Da der Erzähler somit eigentlich Teil des Romangeschehens ist und daher nicht mehr weiß als die handelnden Personen, sind für ihn keine Kommentare und Vorausblicke möglich. Beispiele hierfür sind u.a. Alfred Andersch: „Sansibar oder der letzte Grund“ oder Franz Kafka: „Die Verwandlung“.

Bei der Ich-Erzählperspektive gehört der Erzähler zur Welt der Erzählung und schreibt in Ich-Form. Damit wird deutlich, daß er das Geschehen selbst erlebt oder beobachtet und auch hier keine Kommentare möglich sind. Beispielhaft für diese Perspektive sind u.a. Joseph von Eichendorff: „Aus dem Leben eines Taugenichts“ oder Adelbert von Chamisso: „Peter Schlemihls wundersame Geschichte“.

Diese Stunde kann natürlich nur eine unvollständige Einführung in das Thema Erzählperspektive bzw. Zeitgestaltung in erzählenden Werken geben. Zur Vertiefung kann hier Hermes, Eberhard: Abiturwissen Erzählende Prosa, Stuttgart, 1985, herangezogen werden. In diesem Buch werden sowohl Erzählperspektive (Kapitel 4, S. 20 ff.) als auch Zeitgestaltung in erzählenden Texten (Kapitel 5, S. 34 ff.) ausführlich und mit entsprechenden Beispielen behandelt.

Methodisches Vorgehen

Phase 1

Zu Beginn der Stunde erhalten die Schüler die Blätter mit den Vergleichstexten (Arbeitsblatt 25). Ihre Aufgabe soll es sein, die sechs Texte auf ihre unterschiedliche Erzählhaltung hin zu vergleichen, drei Textpaare herauszufinden, die die gleiche Erzählperspektive aufweisen, und die Wahl zu begründen. Die beiden Ich-Erzähler dürften relativ leicht zuzuordnen sein. Da die Schüler den Begriff „auktorialer Erzähler“ im Zusammenhang mit Dürrenmatts „Der Richter und sein Henker“ schon gelernt haben, erkennen sie sicher, daß zu diesem Textauszug Fontanes „Unterm Birnbaum“ gehört. Somit ist klar, daß die restlichen zwei Texte ein weiteres Paar bilden. Bei allen drei Paaren ist die Aufgabe zu beachten, daß die Auswahl begründet werden muß.

Phase 2

Als nächstes sollen die Erzählperspektiven benannt und ihre Merkmale beschrieben werden. Für die auktoriale und die Ich-Perspektive dürfte die Benennung kein Problem sein. Auch eine Beschreibung der beiden müßte möglich sein. Schwieriger wird es bei der personalen Erzählperspektive. Hier muß der Lehrer helfen, wenn dieser Begriff neu eingeführt wird. Das in der Zwischenzeit ausgeteilte Arbeitsblatt 26 wird – parallel zum Unterrichtsgespräch – mit den Definitionen und Textausschnitten gefüllt (vergl. Lösungen auf Arbeitsblatt 27). Schließlich werden als Wiederholung noch die Spalten der Zeitgestaltung ergänzt.

Phase 3

In der zweiten Stunde der Behandlung von Dürrenmatts „Der Richter und sein Henker“ haben die Schüler ein „Erzählhaus“ dieses Romans konstruiert und die Position des Erzählers festgelegt. Zur Vertiefung des Themas Erzählperspektive erhalten sie nun die Aufgabe, ein ebensolches Haus für Fontanes „Unterm Birnbaum“ zu entwerfen. Es soll – ebenso wie bei „Der Richter und sein Henker“ – die Haupt- und Nebenfiguren sowie den Standort des auktorialen Erzählers aufzeigen. Schließlich sollen sie charakteristische Textbelege für die auktoriale Erzählweise finden. Ein Lösungsvorschlag findet sich auf Arbeitsblatt 29.

Phase 4/Hausaufgabe

In dieser Phase sollen die Schüler belegen, daß sie in der Lage sind, einen Transfer ihres Wissens zu leisten. Sie haben in ihrer schulischen Laufbahn sicherlich schon ein Werk gelesen, das in der personalen oder in der Ich-Perspektive geschrieben ist. Ihre Aufgabe soll es nun sein, für diese Lektüre ein ebensolches „Erzählhaus“ zu bauen wie für „Unterm Birnbaum“ und „Der Richter und sein Henker“. Natürlich ist hier besonders darauf zu achten, wo die Schüler die Position des Erzählers sehen. Möglicherweise muß dieser Unterrichtsschritt aus Zeitgründen in die Hausaufgabe verlegt werden.

2. Vergleichsstunde: Detektivroman – Kriminalroman

Vorbemerkungen

In dieser Stunde beschäftigen sich die Schüler mit dem Typus Kriminalroman und versuchen, unterschiedliche Ausprägungen dieses Genres zu erkennen.
Nachdem sie sich selbst als Detektive versucht haben, wird die praktische Erfahrung mit Hilfe eines theoretischen Textes untermauert. Abschließend sollen die Schüler sich selbst als Autoren versuchen. Das Ziel dieser Stunde ist demnach, die praktische (Schreib-)Arbeit der Schüler mit ihrem theoretischen Wissen zu vernetzen.

Sachanalyse

In seiner „Anatomie des Detektivromans" (Arbeitsblatt 31) unterscheidet Richard Alewyn zwei Ausprägungen des Kriminalromans. Ausgehend von der These, „daß es bei einem Roman oft gar nicht so sehr darauf ankommt, was er erzählt, als wie er erzählt", grenzt er den Kriminalroman vom Detektivroman ab. Dabei kennzeichnet er als Elemente des Kriminalromans: „Den Mörder und sein Opfer, das Motiv der Tat, den Hergang der Tat und ihren Ausgang. Die Erzählung läuft dem Geschehen parallel. Sie erzählt das erste zuerst und das letzte zuletzt."
Im Gegensatz dazu steht der Detektivroman: „Diese Erzählung beginnt, wo die andere (der Kriminalroman, Hinzufüg. d. d. Verfasser) aufgehört hat. Sie hört da auf, wo die andere angefangen hat, bei der Person des Täters und seinem Motiv."
Zusammenfassend charakterisiert Alewyn den Unterschied so: „Der Unterschied der beiden Erzählungen liegt also nicht im Gegenstand – beide behandeln einen Mord – sondern in der Form: Der Kriminalroman erzählt die Geschichte eines Verbrechens, der Detektivroman die Geschichte der Aufklärung eines Verbrechens."
Anhand dieser Definition von Alewyn ist Dürrenmatts „Der Richter und sein Henker" als Detektivroman zu bezeichnen, während Fontanes „Unterm Birnbaum" ein Kriminalroman ist.

Methodisches Vorgehen

Phase 1

Der Lehrer liest den Schülern einen Ausschnitt aus Friedrich Dürrenmatts Roman „Der Verdacht" vor (vergl. Arbeitsblatt 30). Der Tod Fortschigs, der in diesem Text geschildert wird, gibt nicht nur der Polizei, sondern auch den Zuhörern Rätsel auf. Also stellt sich die Frage: Wie kam Fortschig ums Leben?
Die Schüler haben nun die Aufgabe, dieses Problem zu lösen. Sie können dem Lehrer alle nur denkbaren Fragen zum Fall stellen, die dieser allerdings nur mit „ja" oder „nein" beantworten darf. Es liegt nun an der Geschicklichkeit der Fragenden, ob und wie schnell sie das Rätsel lösen können. Eventuell sollten bei einer völlig falschen Spur Hinweise gegeben werden. Wenn die Schüler herausgefunden haben, daß ein Zwerg der Täter war, wird ihre Lösung durch das Vorlesen des restlichen Textes bestätigt. Damit wird den Zuhörern deutlich, daß sie in der Rolle des Detektivs einen Mordfall aufgeklärt und den Täter entlarvt haben. Ausgangspunkt der Erzählung war also die Tat. Der Lehrer hat in der Rolle des auktorialen Erzählers Hilfestellung geleistet. Nun ist es bis zum Aufbau von Dürren-

matts „Der Richter und sein Henker“ nur noch ein kleiner Schritt. Ebenfalls dürfte es kein Problem sein, herauszuarbeiten, daß Fontanes „Unterm Birnbaum“ ganz anders aufgebaut ist.

Phase 2

Die Schüler erhalten nun den Textauszug von Richard Alewyn „Das Schema Kriminal- und Detektivroman“ (Arbeitsblatt 31) sowie das Arbeitsblatt 32. Sie sollen in Partnerarbeit mit Hilfe des Textes die Fragen des Arbeitsblattes 32 beantworten. Im anschließenden Gespräch werden die Antworten ausgewertet und notiert. Als Anhaltspunkt dient hierzu das Lösungsblatt (Arbeitsblatt 33).

Phase 3

Nach dieser theoretischen Phase sollen die Ergebnisse auf die bekannten Romane übertragen werden. Hierzu sollen auch entsprechende Belege – inhaltlich aus dem Kopf bzw. als wörtliches Zitat – angeführt werden. Den Abschluß dieser Phase bildet der Eintrag von Dürrenmatts „Der Richter und sein Henker“ unter Detektivroman und Fontanes „Unterm Birnbaum“ unter Kriminalroman. Diese Einordnung muß entsprechend begründet werden.

Phase 4

Mit einer Rückkehr zum Beginn der Stunde sollen die Schüler zum Schreiben angeregt werden. Sie erkennen, daß die eingangs vorgelesene Szene „detektivisch“ erzählt ist. Sie sollen nun versuchen, den Tod Fortschigs als kriminalistische Erzählung zu schreiben. Diese Aufgabe ist sicherlich nicht ganz einfach und erfordert möglicherweise zunächst ein kurzes Gespräch. Eventuell reicht die Zeit hier nur noch zu einer mündlichen Erzählung.

3. Vergleichsstunde: Gerechtigkeit bei Dürrenmatt und Fontane

Vorbemerkungen

In der Besprechung von „Unterm Birnbaum“ und „Der Richter und sein Henker“ wurde an passender Stelle der Begriff Gerechtigkeit bereits thematisiert. In dieser Stunde gilt es, die beiden Auffassungen zu wiederholen, gegenüberzustellen und durch weitere Beispiele zu ergänzen und zu problematisieren. Ziel soll es sein, eine Linie aufzuzeigen, die verdeutlicht, wie es im Laufe der Zeit immer schwieriger und komplizierter wurde, gerecht zu sein. Dabei kann auch diskutiert werden, daß das objektiv juristische Recht nicht immer dem subjektiv persönlichen Gerechtigkeitsempfinden entspricht.

Sachanalyse

In der Rechtsprechung des Mittelalters werden die Schüler nicht immer den Grundsatz der Gerechtigkeit erkennen. Der Angeklagte – oft durch Denunziation vor Gericht gebracht – konnte seiner Verurteilung kaum entgehen. War er nicht bereit, ein Geständnis abzulegen, wurde er gnadenlos den Folterknechten übergeben. Man galt solange als schuldig, bis die Unschuld bewiesen war. Dies war ohne Anwalt fast immer ein Ding der Unmöglichkeit. Nachdem er gestanden hatte, erwartete den Angeklagten in der Mehrzahl der Fälle eine körperliche Strafe. Hierbei wurden sämtliche Grausamkeiten vom Auspeitschen bis zum Vierteilen und Verbrennen angewandt. Häufig wurde die Strafe in Zusammenhang mit dem Vergehen gebracht. So hackte man z.B. Dieben die Hände ab und riß einem Meineidigen die Zunge heraus. Im Mittelalter, dessen Weltbild geprägt war von einer Kriegsgesellschaft unter Führung der Ritter, herrschte eine alttestamentarische Gerechtigkeit, die nach dem Prinzip „Auge um Auge, Zahn um Zahn" vorging. Daß diese Vorgehensweise bei Prozessen Ungerechtigkeiten und Fehlurteile geradezu provozierte, scheint niemandem Gewissensbisse verursacht zu haben. Die Menschen bzw. die Justiz bzw. die Kirche sahen es als ihre Aufgabe an, für Gerechtigkeit zu sorgen.

Dieser Rückblick ins Mittelalter muß notgedrungen kurz und stark vereinfacht geschehen. Sollte dieser Aspekt genauer untersucht werden, bietet sich evtl. ein fächerübergreifendes Projekt mit dem Geschichtslehrer an.

Fontanes Auffassung von Gerechtigkeit und ihre Durchsetzung ist eine andere. Für ihn ist der Mensch nur ein Werkzeug, das dafür sorgt, daß „das gepredigte Evangelium von der Gerechtigkeit Gottes, von der Ordnung in seiner Welt" (vergl. Arbeitsblatt 35, Text 2) zum Tragen kommt. Sollte dieses Werkzeug Mensch einmal versagen, so sorgt – wie bei Abel Hradscheck – Gott für ein gerechtes Urteil. Wichtig hierbei ist für Fontane ein „nachweisbares ... Verhältnis von Schuld und Strafe" (vergl. Arbeitsblatt 35, Text 1). Damit wird deutlich, daß es Fontane nicht allein um eine Bestrafung, sondern um eine dem Vergehen angemessene Bestrafung geht. Als entscheidende Grundlage für diese Auffassung von Gerechtigkeit ist ein tiefverwurzelter Glaube an die Existenz Gottes notwendig.

Dürrenmatt hingegen streitet das Vorhandensein dieser höheren Gerechtigkeit ab. Für ihn ist der „Umstand, daß Verbrecher ihre Strafe finden" nur ein „Märchen". Für ihn gibt es keine „lausigere Hoffnung" als die, „daß wenigstens die Polizei die Welt zu ordnen verstehe". Die Möglichkeiten, einen Verbrecher durch Logik und Rekonstruktion des Verbrechens zu fassen, sind vielleicht in Kriminalromanen gegeben, aber sie sind nur „Fiktion" (vergl. Arbeitsblatt 35, Text 3). Die Welt ist zu kompliziert, in ihr spielen Zufall und Unberechenbares eine so große Rolle, daß mit den unzulänglichen kriminalistischen Mitteln, die um so unzulänglicher werden, je mehr man sie ausbaut, Verbrecher nur durch Glück und Zufall entlarvt werden. Eine höhere Instanz, die bei Versagen des Menschen eingreift, gibt es nicht, Gerechtigkeit ist eine Sache des Zufalls. Dieser Zufall kommt Kommissär Bärlach zur Überführung des Verbrechers Gastmann nicht zu Hilfe. Also sieht er keine Alternative, als selbst der Gerechtigkeit zum Sieg zu verhelfen, indem er zur Selbstjustiz greift. Er bestätigt somit die Aussage von Dr. H., daß auch die Polizei nicht in der Lage sei, Verbrecher zu überführen. Dies sicher auch, weil sich Verbrecher wie Gastmann keinerlei moralischen Prinzipien unterwerfen, was bedeutet, daß Dürrenmatt von einer Gesellschaft schreibt, in der die Auflösung jeglicher Ordnung beginnt.

An der Schwelle zum 21. Jahrhundert hat sich diese Aussage Dürrenmatts nicht nur bestätigt, Brutalität, Gewalt und Verbrechen nehmen immer mehr zu. Die Täter werden immer jünger und hemmungsloser. Gewalt in der Schule, auf der Straße, in der Familie ist nicht mehr außergewöhnlich, sondern fast normal. Kaum jemand hilft, wenn ein anderer angegriffen wird, andererseits ist fast jeder sofort bereit, ein ihm angeblich oder tatsächlich angetanes Unrecht mit Gewalt zu vergelten. Organisierte Verbrecherbanden haben ihre „Arbeitsbereiche" untereinander abgegrenzt, und zu oft kann die Polizei nur hilflos zusehen. Selbst für Experten werden die Gesetze immer undurchschaubarer, und Verbrecher finden immer mehr Möglichkeiten, ungestraft davonzukommen. Ob bei solchen Zuständen noch von Gerechtigkeit gesprochen werden kann, ist die Frage.

Methodisches Vorgehen

Phase 1

Den Schülern wird mit Hilfe einer Overheadfolie das Bild „Justiz im Mittelalter“ (Arbeitsblatt 34) gezeigt. Zunächst sollen sie einen Titel für das Bild finden und es zeitlich einordnen, danach erfolgt eine Bildbeschreibung. Dabei kann man sicherlich schnell die Strafen, die Personengruppen und die Art der Strafen erarbeiten. Um das symbolische Vorgehen bei der Bestrafung im Mittelalter zu benennen, bedarf es evtl. eines Lehrerimpulses. Zum Abschluß dieser Unterrichtsphase gilt es, die Unterschiede zum heutigen Strafvollzug festzustellen (vgl. Stundenblatt S. 29 und 30). Im Verlaufe des Unterrichtsgespräches wird der erste Teil des Tafelanschriebes angefertigt.

Phase 2

In der zweiten Unterrichtsphase beschäftigen sich die Schüler mit dem Arbeitsblatt 35, auf dem Auszüge aus zwei Briefen Fontanes und ein Auszug aus Dürrenmatts Roman „Das Versprechen“ abgedruckt sind. In Partnerarbeit sollen sie folgende Fragen beantworten:

- Vergleicht die verschiedenen Einstellungen zur Gerechtigkeit in den Briefen von Fontane bzw. in dem Romanauszug aus Dürrenmatts „Das Versprechen“.
- Belegt diese Ansicht durch Zitate oder Kenntnisse aus der jeweiligen Lektüre.
- Welches Weltbild dient als Grundlage für diese Einstellung?

Bei der Besprechung der Partnerarbeit (vergl. Sachanalyse) wird der zweite Teil des Tafelanschriebes angefertigt.

Phase 3

Die dritte Unterrichtsphase muß sehr offen gehalten werden. Der Tafelanschrieb kann daher nur als Möglichkeit verstanden werden, der der jeweiligen Unterrichtssituation angepaßt werden muß. Auf jeden Fall sollte der zunehmende Werteverfall diskutiert und seine Gründe aufgezeigt werden. Dabei sollte man sich unter keinen Umständen auf allgemeines Jammern und Wehklagen beschränken, sondern gemeinsam mit den Schülern Lösungsmöglichkeiten aufzeigen. Es würde hier schon genügen, wenn Lösungen für den direkten Umkreis z. B. die Familie oder die Klasse gefunden würden. Dies wäre zumindest einmal ein Anfang und ein kleiner Schritt in die richtige Richtung.

Klassenarbeit Nr. ______ in Deutsch

Name: ______________________ **Klasse:** ________ **Datum:** ______________________

Vergleich der Romane „Unterm Birnbaum“ von T. Fontane und „Der Richter und sein Henker“ von F. Dürrenmatt

1. Aufgabe

Erkläre folgende Fachbegriffe:

- *Erzählzeit*
- *Erzählte Zeit*
- *Auktorialer Erzähler*
- *Personaler Erzähler*
- *Ich-Erzähler*

Belege die ersten drei Begriffe mit je einem Beispiel aus beiden Werken.

(8 Punkte)

2. Aufgabe

Vergleiche den Anfang von Fontanes „Unterm Birnbaum“ (1. Kapitel) mit dem Beginn von Dürrenmatts „Der Richter und sein Henker“ (S. 5–S. 6, Z. 31).

(15 Punkte)

3. Aufgabe

Vergleiche den Handlungsverlauf in beiden Werken.

(9 Punkte)

Insgesamt können zusätzlich 2,5 Stilpunkte erreicht werden.

Viel Erfolg!

Erwartungshorizont: Vergleich der Romane „Unterm Birnbaum“ von T. Fontane mit „Der Richter und sein Henker“ von F. Dürrenmatt

1. Aufgabe: Erkläre folgende Fachbegriffe: Erzählzeit, Erzählte Zeit, Auktorialer Erzähler, Personaler Erzähler und Ich-Erzähler. Belege die ersten drei Begriffe mit je einem Beispiel aus beiden Werken.

Name, Vorname	**Gesamt- punkte:** **(8)**	Erzählzeit **(1)**	ein Beispiel aus „RH“ Erzählzeit **(0,5)**	ein Beispiel aus „UB“ Erzählzeit **(0,5)**	Erzählte Zeit **(1)**

(Erklärung der Fachbegriffe mit jeweiligem Beispiel, s. S. 88)

ein Beispiel aus „RH“ Erzählte Zeit **(0,5)**	ein Beispiel aus „UB“ Erzählte Zeit **(0,5)**	Auktorialer Erzähler **(1)**	ein Beispiel aus „RH“ Auktorialer Erzähler **(0,5)**	ein Beispiel aus „UB“ Auktorialer Erzähler **(0,5)**	Personaler Erzähler **(1)**	Ich-Erzähler **(1)**

Erwartungshorizont: Vergleich der Romane „Unterm Birnbaum“ von T. Fontane mit „Der Richter und sein Henker“ von F. Dürrenmatt

1. Aufgabe: Erkläre folgende Fachbegriffe: Erzählzeit, Erzählte Zeit, Auktorialer Erzähler, Personaler Erzähler und Ich-Erzähler.
Belege die ersten drei Begriffe mit je einem Beispiel aus beiden Werken. (8 Punkte)

Frage	Antwort	Beispiel aus „Der Richter und sein Henker“	Beispiel aus „Unterm Birnbaum“
Erzählzeit	Dauer des Lesens	zwei – vier Stunden, je nach Lesetempo	zwei – vier Stunden, je nach Lesetempo
Erzählte Zeit	zeitlicher Umfang der erzählten Handlung	Donnerstag, 03. 11. 1948 – Dienstag, 08. 11. 1948 (ca. sechs Tage)	Mitte Oktober 1831 – 03. 10. 1833 (ca. zwei Jahre)
Auktorialer Erzähler	allwissend, kommentierend, steht außerhalb der eigentlichen Handlung, kennt die Gedanken und Gefühle der handelnden Personen	– Bärlachs Vergangenheit (S. 8, Z. 1 – Z. 14) oder – „Bärlach fuhr zusammen, denn im ersten Moment glaubte er, der tote Schmied komme zu ihm.“ (S. 18, Z. 15f.) oder – „… denn es durchfuhr ihn die Erkenntnis …“ (S. 43, Z. 7ff.) oder – „Und er dachte: Daher weiß es also Gastmann.“ (S. 89, Z. 8f.) oder – Tollkühn hatte der Alte noch einmal ein Spiel gewagt …“ (S. 118, Z. 4f.)	– Diese machte neben ihrem wohnlichen zugleich einen eigentümlichen Eindruck, und zwar, weil alles in ihr um vieles besser und eleganter war, als sich's für einen Krämer und Dorfmaterialisten schickte.“ (S. 7, Z. 19ff.)
Personaler Erzähler	Erzählen aus dem Blickwinkel einer oder mehrerer im Roman vorkommenden Personen	X	X
Ich-Erzähler	Erzählen in der Ich-Form	X	X

Anmerkung: Die Bepunktung ergibt für jede richtige Definition einen Punkt und für ein entsprechendes Beispiel maximal einen halben Punkt.

Erwartungshorizont: Vergleich der Romane „Unterm Birnbaum“ von T. Fontane mit „Der Richter und sein Henker“ von F. Dürrenmatt

2. Aufgabe: Vergleiche den Anfang von Fontanes „Unterm Birnbaum“ (1. Kapitel) mit dem Beginn von Dürrenmatts „Der Richter und sein Henker“ (S. 5 – S. 6, Z. 31). (15 Punkte)

„Unterm Birnbaum“	„Der Richter und sein Henker“
– **Ort der Handlung:** „... in ... Tschechin ... eröffneten Gasthaus und Materialwarengeschäft von Abel Hradscheck (S. 4, Z. 2f.)	– **Ort der Handlung:** „... wo die Straße von Lamboing ... aus dem Walde der Twannbachschlucht hervortritt“ (S. 5, Z. 2f.); „... zum anderen Straßenrand, der gegen Twann lag“ (S. 6, Z. 8f.); „Wie er jedoch den See entlang gegen Biel fuhr ...“ (S. 6, Z. 20)
– **Zeit der Handlung:** „Hier war es schon herbstlich“ (S. 5, Z. 30); es ist Birnenzeit (S. 6, Z. 27ff.)	– **Zeit der Handlung:** „... am Morgen des dritten November neunzehnhundertachtundvierzig“ (S. 5, Z. 1f.)
– **Vorstellen der Hauptpersonen:** „... stand Abel Hradscheck selbst“ (S. 4, Z. 12); „... die zum Vornehmtun geneigte Frau Hradscheck“ (S. 5, Z. 9); „... Er und sie machten ein hübsches Paar und waren gleichaltrig, Anfang Vierzig“ (S. 9, Z. 16ff.)	– **Darstellung der Nebenperson:** „Alphons Clenin, der Polizist von Twann“ (S. 5, Z. 1)
– **Verhältnis der Hauptpersonen:** „Du mußt mir nicht Vorwürfe machen“ (S. 8, Z. 20); „... ein Wirt, der nicht glücklich spielt ... Und dazu das Trinken“ (S. 9, Z. 1ff.)	– **Darstellung des Verbrechens:** „... der Mann tot war. Die Schläfen waren durchschossen. ... daß es sich bei dem Toten um Ulrich Schmied handelte, Polizeileutnant der Stadt Bern.“ (S. 5, Z. 22ff.)
– **Probleme der Hauptpersonen:** Abel vergißt den Sterbetag seiner Kinder (S. 8, Z. 16ff.), wobei er es als „Glück“ ansieht, daß sie nicht mehr leben, denn er „habe Sorgen über Sorgen.“ (S. 8, Z. 25)	
– **Geschäftsführung:** „... habe Sorgen über	

Anmerkung: Die Bepunktung richtet sich zum einen nach den (in fett) aufgeführten Stichpunkten (= 1 Punkt), zum anderen nach den richtigen Textbelegen (Zitate = 0,5 Punkte).

Erwartungshorizont: Vergleich der Romane „Unterm Birnbaum“ von T. Fontane mit „Der Richter und sein Henker“ von F. Dürrenmatt

2. Aufgabe (Forts.): Vergleiche den Anfang von Fontanes „Unterm Birnbaum“ (1. Kapitel) mit dem Beginn von Dürrenmatts „Der Richter und sein Henker“ (S. 5–S. 6, Z. 31).

Name, Vorname	**Gesamtpunkte: (15)** **jeweils 1,5 Punkte**	**„UB“ Ort:** in Tschechin eröffnetes Gasthaus, (S. 4, Z. 2f.)	**„UB“ Zeit:** Herbst, (S. 5, Z. 30) Birnenzeit, (S. 6, Z. 27ff.)	**„UB“ Hauptpersonen:** Ehepaar Hradscheck (S. 4,5 u. 9)	**„UB“ Verhältnis** Vorwürfe (S. 8, Z. 20) u. (S 9, Z. 1ff.)

B“ Probleme: rgen über rgen (S. 8, 16ff. + Z. 25)	**„UB“ Geschäftsführung:** Verschuldung (S. 9, Z. 26ff.)		**„RH“ Tatort:** Lamboing, Twann u. See (S. 5 und 6)	**„RH“ Zeit:** am Morgen des 03. 11. 1948 (S. 5, Z. 1f.)	**„RH“ Verbrechen:** toter Polizist U. Schmied (S. 5, Z. 22ff.)	**„RH“ Nebenperson:** Clenin (S. 5, Z. 1)

Erwartungshorizont: Vergleich der Romane „Unterm Birnbaum“ von T. Fontane mit „Der Richter und sein Henker“ von F. Dürrenmatt

3. Aufgabe: Vergleiche den Handlungsverlauf in beiden Werken.

Name, Vorname	**Gesamtpunkte (9):** **jeweils 1 Punkt**	**„RH“:** 1. Rätsel: Mord an U. Schmied	**„RH“:** 2. Aufklärung des Falles und Vorgeschichte der Hauptpersonen	**„RH“:** 3. Aufdeckung der Tat und des Motivs	

(s. auch S. 94)

„UB“: 1. Vorgeschichte des Ehepaars Hradscheck	**„UB“:** 2. Erklärung des Motivs = finanzielle Notlage	**„UB“:** 3. Mord an Szulski	**„UB“:** 4. Vergebliche Aufklärung der Tat durch die Justiz		**„RH“:** Zwei Erzählstränge mit Rückblenden	**„UB“:** Einsträngiger, chronologischer Handlungsverlauf

Erwartungshorizont: Vergleich der Romane „Unterm Birnbaum“ von T. Fontane mit „Der Richter und sein Henker“ von F. Dürrenmatt

3. Aufgabe (Forts.): Vergleiche den Handlungsverlauf in beiden Werken. (9 Punkte)

Dürrenmatt „Der Richter und sein Henker“:

* Zunächst wird das **„Rätsel: Mord an Polizist Schmied“** gestellt,
* dann versuchen Bärlach und Tschanz, diesen **Fall aufzuklären**, wobei die **Vorgeschichte der Hauptpersonen** Bärlach und Gastmann zum Vorschein kommt und
* schließlich die **Aufdeckung der Tat** mit dem dazugehörigen **Motiv.**

Fontane „Unterm Birnbaum“:

* Zuerst wird die **Vorgeschichte (Lebensumstände) des Ehepaars Hradscheck** dargelegt,
* wobei die schlechten finanziellen Verhältnisse das **Motiv („Not kennt kein Gebot“) erklären** und
* somit zum **Mord an Szulski** führen.
* Der zweite Teil erzählt die **vergebliche Aufklärung der Tat durch die Justiz** und die Sühnung des Mordes durch eine „höhere Gerechtigkeit“.

Während es beim „Richter und sein Henker“

* **zwei Erzählstränge** (Bärlach/Gastmann – Bärlach/Tschanz) **mit Rückblenden** gibt,
* liegt bei „Unterm Birnbaum“ nur ein **einsträngiger, chronologischer Handlungsverlauf** vor.

Anmerkung: Die Bepunktung ergibt sich aus den jeweils richtigen Stichworten (mit * markiert), die immer maximal einen Punkt ergeben.

Erreichbare Punktzahl

1. Aufgabe:	8 Punkte	
2. Aufgabe:	15 Punkte	
3. Aufgabe:	9 Punkte	
Zusatzpunkte:	+ 2,5 Punkte	bei durchschnittlich unter 1 Fehler pro Seite (R, Z, A, Sb, Gr usw.)
	+ 1,5 Punkte	bei durchschnittlich unter 2 Fehlern pro Seite
	+ 0,5 Punkte	bei durchschnittlich unter 3 Fehlern pro Seite
	+ 0 Punkte	bei durchschnittlich mehr als 3 Fehlern pro Seite
Gesamtpunktzahl:	34,5 Punkte	

Notenverteilung

Punkte	Note
0 – 9	6
9,5 – 11,5	5–6
12 – 14	5
14,5 – 16,5	4–5
17 – 19	4
19,5 – 21,5	3–4
22 – 24	3
24,5 – 26,5	2–3
27 – 29	2
29,5 – 31,5	1–2
32 – 34,5	1

Literaturverzeichnis

Alewyn, Richard: Anatomie des Detektivromans, in: Der Kriminalroman II. Zur Theorie und Geschichte seiner Gattung. Hrsg. von Jochen Vogt. München 1971

Andersch, Alfred: Sansibar oder der letzte Grund. Zürich 1993

Chamisso, Adelbert von: Peter Schlemihls wundersame Geschichte. Göttingen, 1993

Dürrenmatt, Friedrich: Der Richter und sein Henker. Hamburg 1993

Dürrenmatt, Friedrich: Der Verdacht. Zürich, 1985

Dürrenmatt, Friedrich: Das Versprechen. Zürich, 1986

Dürrenmatt, Friedrich: Justiz. Zürich, 1987

Eichendorff, Joseph von: Aus dem Leben eines Taugenichts. Stuttgart, 1992

Finckh, Eckard (Hrsg.): Arbeitstexte für den Unterricht. Theorie des Kriminalromans, Stuttgart, 1978

Fudeme, Michlo: Das Mittelalter in Wort und Bild. o. O., o. J.

Fontane, Theodor: Unterm Birnbaum. Stuttgart, 1995

Freund, Winfried: Die deutsche Kriminalnovelle von Schiller bis Hauptmann. Paderborn, 1975

Friedrich, Gerhard: Unterm Birnbaum. Der Mord des Abel Hradscheck. In: Grawe, Christian (Hrsg.): Interpretationen. Fontanes Novellen und Romane. Stuttgart, 1991. S. 113-135

Goertz, Heinrich: Dürrenmatt. Reinbek, 1987

Handke, Peter: Prüfungsfrage. Frankfurt, 1969

Hermes, Eberhard: Abiturwissen Erzählende Prosa. Stuttgart, 1985

Heyde, Hartmut von der: Theodor Fontane: Unterm Birnbaum. In: Deutsch. Unterrichtsmaterialien für Lehrkräfte. Freising, 1993

Heyde, Hartmut von der: Friedrich Dürrenmatt: Der Richter und sein Henker. In: Deutsch. Unterrichtsmaterialien für Lehrkräfte. Freising, 1993

Hirsch, Rudolf/Vordtriede, Werner: Dichter über ihre Dichtungen. Theodor Fontane. Bd. 12/II. (Hrsg. von Richard Brinkmann in Zusammenarbeit mit Waltraud Wiethölter). München, 1973

Kafka, Franz: Die Verwandlung. Frankfurt, 1986

Keel, Daniel: Über Friedrich Dürrenmatt. Zürich, 1990

Knapp, Gerhard P.: Friedrich Dürrenmatt. Stuttgart, 1980

Knapp, Gerhard P.: Friedrich Dürrenmatt: Der Richter und sein Henker. Frankfurt, 1983

Leonhardt, Ulrike: Mord ist ihr Beruf. Eine Geschichte des Kriminalromans. München, 1990

Mettenleiter, Peter/Stephan Knöbl (Hrsg.): Blickfeld Deutsch. Paderborn, 1991

Nürnberger, Helmuth: Fontane. Reinbek bei Hamburg, 1993

Nusser, Peter: Der Kriminalroman. Stuttgart, 1980

Poppe, Reiner: Friedrich Dürrenmatt: Der Richter und sein Henker. Hollfeld, 1985

Schäfer, Rudolf: Theodor Fontane: Unterm Birnbaum, Frau Jenny Treibel. Interpretationen. München, 1974

Seifert, Walter: Friedrich Dürrenmatt, Der Richter und sein Henker. München, 1988

Stanzel, Franz: Typische Formen des Romans. 10. Auflage, Göttingen, 1981

Wilpert, Gero von: Sachwörterbuch der Literatur. 5. Auflage, Stuttgart, 1969